Kulturlandschaft

MECKLENBURG-VORPOMMERN

Kulturlandschaft

MECKLENBURG-VORPOMMERN

Heinrich Pleticha

Mit Farbbildern von Wolfgang Müller

Herder Freiburg · Basel · Wien

Die Deutsche Bibliothek – CIP-Einheitsaufnahme

Kulturlandschaft Mecklenburg-Vorpommern / Heinrich Pleticha.
Mit Farbbildern von Wolfgang Müller. – Freiburg (Breisgau) ;
Basel; Wien: Herder 1993
Nebent.: Mecklenburg-Vorpommern
ISBN 3-451-22997-8
NE: Pleticha, Heinrich; Müller, Wolfgang [III.]; NT

Reproduktionen: Schaufler GmbH, Freiburg
Satz: Barbara Herrmann, Freiburg
Belichtung: Johannes Schimann, Ingolstadt
Druck und Bindung: Freiburger Graphische Betriebe 1993
ISBN 3-451-22997-8

Inhalt

Vorwort

„As uns Herrgott de Welt erschaffen ded, fung hei bi Meckelnborg an ..." – Zugegeben, solche Worte können nur von einem Mecklenburger stammen. Der große Erzähler Fritz Reuter schrieb sie in seiner „Urgeschicht von Meckelnborg" und fährt nach so stolzer Einleitung dann besinnlicher fort: „...und schön i't 'n Ganzen worden, dat weit jeder." Ob Gott wirklich bei der Erschaffung der Welt mit Deutschlands Norden begonnen haben mag, lassen wir die Mecklenburger selbst entscheiden, daß aber das Ganze schön geworden ist, kann jeder bestätigen, der einmal dieses Land kennengelernt hat.

Zu Vorpommern fällt einem kaum ein ähnliches Zitat ein, aber unwillkürlich denken wohl viele an den alten Kindervers „Maikäfer flieg", wo es so kindlich-brutal heißt: „Pommerland ist abgebrannt". Dabei verdient dieses Vorpommern angenehmere Assoziationen, denn es ist nicht weniger reizvoll als Mecklenburg. Aber nicht nur die landschaftliche Schönheit und die Nähe zum Meer gehören zu den Gemeinsamkeiten der beiden Teile des neuen Bundeslandes, sondern auch eine bewegte Geschichte vom Mittelalter bis zum Ende des Zweiten Weltkriegs – und nachfolgend vier Jahrzehnte des Vergessens. Pommerland und mit ihm Mecklenburg waren „abgebrannt" im Sinne des Kinderliedes, das heißt, sie waren weitgehend in Vergessenheit geraten. Den westlichen Teil der damaligen DDR kannten viele Westdeutsche wenigstens dank der Transitautobahnen durch Berlin, der Nordosten dagegen war, zumindest für einen Großteil der Bundesdeutschen, zu einem fernen und damit auch unbedeutenden Land geworden.

Heute hat sich das Bild gewandelt. Die Badeorte der Ostseeküste, die Inseln Rügen und Usedom, die Mecklenburger Seenplatte werden wieder zu attraktiven touristischen Zielen. Trotzdem bleibt ein starker Nachholbedarf, denn zu der Begegnung mit dem Mecklenburg-Vorpommern von heute muß sich auch die Begegnung mit der Geschichte, Kultur und Kunst der beiden Landesteile gesellen. Gerade die Menschen in den alten Bundesländern müssen wieder lernen, diese Kulturlandschaft näher zu erfassen. Einen Caspar David Friedrich kennt fast jeder, aber wer ordnet schon seine Bilder von Rügen, Greifswald, Eldena oder Neubrandenburg landschaftlich richtig ein? Wer weiß denn schon, daß ein Heinrich Schliemann, der Wiederentdecker und Ausgräber Trojas im 19. Jahrhundert aus einem kleinen Dorf in Mecklenburg stammt? Fritz Reuter hat es schon immer schwer gehabt, sich in West- oder Süddeutschland durchzusetzen; denn das Plattdeutsche seiner Werke bildete eine Hemmschwelle, aber wie sieht es mit Ehm Welk, mit Ernst Barlach, Hans Fallada oder gar mit Wilhelm Meinhold oder Heinrich Seidel aus? Natürlich kennen wir sie, aber doch viel zu wenig in ihren Bezügen zu Mecklenburg und Vorpommern.

Hier nun will dieses Buch eine Lücke füllen. Die Begegnung mit der Kulturlandschaft Mecklenburg-Vorpommern ist in Form einer Rundreise angelegt. Vom Westrand Mecklenburgs bei Ratzeburg ausgehend führt der Weg unmittelbar zur Ostseeküste am Klützer Winkel und weiter nach Wismar, dann entlang der Mecklenburger Bucht nach Osten über Bad Doberan nach Rostock und Warnemünde und dann zum Saaler Bodden. Von Stralsund aus geht es hinüber nach Rügen und über Greifswald und Wolgast zur Insel Usedom. Am Oderhaff bei Ueckermünde unterbrechen wir für einen Augenblick die Fahrt, um hinüberzusehen über die Grenze nach Polen, um das alte Stettin, das heutige Szczecin, und einige wichtige Städte im ehemaligen Hinterpommern kurz kennenzulernen. Ein solcher Ausblick, so knapp er auch sein mag, ist notwendig zum Verständnis der historischen Entwicklung Pommerns. Vom äußersten östlichen Zipfel Vorpommerns geht es dann wieder zurück zur Mecklenburgischen Seenplatte und den in ihrem Bereich gelegenen Städten wie Neubrandenburg, Stavenhagen oder Güstrow. Hier beginnt dann der letze Abschnitt der Fahrt, der über Bützow nach Schwerin, südwärts nach Ludwigslust und in die Griese Gegend führt und schließlich im Westen an der Elbe endet. Natürlich kann dabei nicht jede Stadt, nicht jeder landschaftlich reizvolle oder historisch bedeutsame Platz berücksichtigt werden. Ein Reiseführer will dieses Buch jedenfalls nicht sein, wohl aber möchte es in Wort und Bild Anregungen vermitteln und Wesentliches dieser nordostdeutschen Landschaft erschließen.

Land an der Küste

Eine Reise an die mecklenburgische Ostseeküste werden die meisten Touristen wohl von Lübeck aus antreten, um unmittelbar über Dassow oder vielleicht mit einem kleinen Umweg über Klütz nach Wismar und weiter nach Rostock zu fahren. Aber es gibt noch einen anderen, historisch gesehen fast sinnvolleren Ausgangspunkt; denn wer von Ratzeburg aus die Fahrt antritt, beginnt sie eigentlich auch schon im alten Mecklenburg. Der weithin sichtbar mächtige Backsteinbau des Doms auf der Insel im See erinnert dort daran, daß von Ratzeburg aus unter Heinrich dem Löwen, der diesen Dom erbauen ließ, die Christianisierung der östlich gelegenen Gebiete und deren Eingliederung in das damalige Deutsche Reich einsetzte. Das kleine und doch so bedeutsame Bistum hatte lange seine politische Selbständigkeit behalten, seine Bischöfe waren Reichsfürsten geworden, bis es dann im Zuge der Reformation erst lutherisch wurde, danach ab 1653 als weltliches Fürstentum an Mecklenburg-Schwerin fiel. Drei Jahrhunderte lang erinnerte das Kreuz mit der Krone im Landeswappen an dieses kleine, nicht einmal vierhundert Quadratkilometer große Fürstentum, das 1945 von Mecklenburg gelöst und der britischen Besatzungszone angegliedert wurde.

Auch das ist ein kleines Stück mecklenburgische Geschichte, in der bis zum heutigen Tag eigentlich der Wandel das Beständigste ist. Noch heute zeugen an verschiedenen Plätzen des Landes Groß- oder Hünengräber, wie sie im Volksmund heißen, von der frühen Besiedelung in der Jungsteinzeit vor fünftausend Jahren. Etwa seit dem letzten vorchristli-

Der Ratzeburger Dom aus dem 12. Jh.

chen Jahrhundert hatten hier dann ostgermanische Stämme gelebt, waren aber im Verlauf der Völkerwanderung abgezogen und hatten den Raum freigemacht für slawische Stämme. Die Abodriten (Obodriten) siedelten im Westen und die Liutizen im Osten. Eine friedliche Nachbarschaft zwischen diesen Stämmen und dem Deutschen Reich gab es seit dem zehnten Jahrhundert nicht mehr, Eroberungszüge der Sachsenkönige und Gegenschläge der Slawen lösten einander ab, bis dann um die Mitte des zwölften Jahrhunderts jene Ostsiedlung einsetzte, für die der Ratzeburger Dom ein markantes Symbol darstellt.

Christianisierung und Eroberung gingen Hand in Hand, Heinrich der Löwe eroberte im sogenannten Wendenkreuzzug das Land der Abodriten. Nachdem der Abodritenfürst Niklot, das Haupt des Widerstandes gegen eine Christianisierung, den Tod gefunden hatte, und sein Sohn Pribislaw 1164 Herzog Heinrich unterlegen war, konnte der Löwe großzügig sein und erwies sich als kluger, maßvoller Politiker. Pribislaw empfing die Taufe und erhielt den größeren Teil Mecklenburgs als Lehen zurück. Er wurde zum Stammvater jener Dynastie, die fortan fast siebenhundert Jahre lang in verschiedenen Teilen des Landes residierte. 1229 teilten die Urenkel Pribislaws das Land in vier Teile, die allerdings im Laufe von zwei Jahrhunderten dann wieder in die mecklenburgische Hauptlinie zurückmündeten.

Im Zuge der Ostsiedlung kamen seit dem zwölften Jahrhundert deutsche Siedler ins Land, gründeten Dörfer und Städte. Auch die Christianisierung schritt rasch voran, vor allem leisteten die Zisterzienser mit ihren Klöstern Pionierarbeit. Im Lauf der Zeit vermischten sich Deutsche und Slawen, das deutsche Element gewann die Überhand, und so entstand allmählich der Volksstamm der Mecklenburger.

1348 erhob Karl IV. aus dem Hause Luxemburg, der ein besonderes Gespür für die politischen Verhältnisse im Osten des Reiches bewies, die mecklenburgischen Fürsten zu reichsunmittelbaren Herzögen. Nur zweihundert Jahre hatten also die Nachkommen Niklots benötigt, um zu angesehenen Reichsfürsten aufzusteigen. Als Wappenbild wählten sie den schwarzen Stier.

Der Stierkopf des Mecklenburger Wappens

Unter den verschiedenen Löwen, Adlern, Greifen, Bären, wie sie uns in den Wappen der deutschen und europäischen Länder begegnen, nimmt sich der Stierkopf im Wappen des Landes Mecklenburg für den ersten Augenblick etwas befremdlich aus. Ein mächtiges, schwarzes Tierhaupt mit gekrümmten Hörnern, geblähten Nüstern, bleckender roter Zunge und einem markanten Halsfellstück droht dem Beschauer entgegen, nur die goldene Krone, die es meist auf dem Haupt trägt, mildert den grimmigen Eindruck etwas ab.

Im Zeichen des schwarzen Stiers also beginnen wir die Fahrt nach Gadebusch, dessen Schloß im 16. Jahrhundert den mecklenburgischen Herzögen als Residenz diente. Es lohnt schon, sich ein wenig in der Umgebung umzusehen; denn gerade in diesem nordwestlichen Winkel des Landes gibt es in den Dörfern und Städtchen schöne alte Dorfkirchen und Bauernhäuser zu bewundern, auf die jeder Reiseführer ausdrücklich verweist. Nicht versäumen sollte man den kurzen Abstecher südwärts nach Lützow. Der Name erinnert an jenen Freiherrn von Lützow, der 1813 als Freischarführer auf preußischer Seite in den Kampf gegen Napoleon eintrat. Große militärische Bedeutung erlangte das Freikorps der „Lützower Jäger" eigentlich nicht, dafür aber um so mehr Berühmtheit durch ein Gedicht Theodor Körners, der wie viele Studenten als Freiwilliger in das Korps eingetreten war:

Theodor Körner, Federzeichnung von Karl Bauer

„Was glänzt dort vom Walde im Sonnenschein?
Hör's näher und näher brausen.
Es zieht sich herunter in düsteren Reih'n,
Und gellende Hörner schallen darein
Und erfüllen die Seele mit Grausen.
Und wenn ihr die schwarzen Gesellen fragt:
Das ist Lützows wilde, verwegene Jagd.

Was zieht dort rasch durch den finstern Wald
Und streift von Bergen zu Bergen?
Es legt sich in nächtlichen Hinterhalt –
Das Hurra jauchzt und die Büchse knallt,
Es fallen die fränkischen Schergen.
Und wenn ihr die schwarzen Jäger fragt:
Das ist Lützows wilde, verwegene Jagd.

Wo die Reben dort glühen, dort braust der Rhein,
Der Wüt'rich geborgen sich meinte,
Da naht es schnell mit Gewitterschein
Und wirft sich mit rüst'gen Armen hinein
Und springt ans Ufer der Feinde.
Und wenn ihr die schwarzen Schwimmer fragt:
Das ist Lützows wilde, verwegene Jagd.
..."[1]

Wie kaum bei einem anderen Lied spiegeln die Stophen die Begeisterung der jungen Menschen in den Freiheitskriegen wider. Körner selbst bezahlte diese Begeisterung mit seinem Leben. In unmittelbarer Nähe von Lützow wurde er in einem Gefecht mit einer französischen Streife am 26. August 1813 tödlich verwundet. Noch heute erinnert am östlichen Ortsausgang ein fünf Meter hoher Obelisk an die Stelle, an der er den Todesschuß empfing. Seine Gefährten begruben ihn am nächsten Tag unter einer Eiche in einem Park bei Wöbbelin.

Nur wenige Kilometer östlich von Lützow liegt Brüsewitz, wo jener Adolf Graf von Schack seine Jugend verbrachte, an den noch heute die Schack-Galerie in München erinnert. In seinen „Erinnerungen" erzählt er vom Leben hier auf dem Gut: „Die Einsamkeit auf jenem Gut war fast absolut. Da damals noch keine Chaussee über dasselbe führte, konnten Besuche von den Nachbargütern nur sehr selten sein, und die Post brachte bloß zweimal wöchentlich Briefe und Zeitungen. In diese Stille trat unerwartet ein Gast, der noch heute, nach so vielen Jahren, lebhaft vor meinem Geiste steht. Es war ein junger Musiker, Otto Nicolai. Aus Ostpreußen gebürtig, hat er seine Eltern, die ihn zu einem seinen Neigungen widersprechenden Beruf zwingen wollten, heimlich verlassen und war in der Hoffnung, durch Konzertgeben sein Fortkommen zu finden, von Ort zu Ort bis Mecklenburg gewandert. Der Besitzer eines dem unsern nahegelegenen Gutes nahm sich des jungen Menschen an, den er in hilflosem Zustand in Schwerin getroffen, und führte ihn auch zu uns. Nicolai war sehr damit zufrieden, wie auf andern Gütern der Nachbarschaft, so auch in B. sich einige Zeit aufhalten zu dürfen, und meinen Eltern war er wegen seines munteren Wesens wie wegen seines vortrefflichen Klavierspiels ein willkommener Gast... Da er fast noch wie ein Knabe mit uns spielte, gewannen wir ihn lieb und waren daher sehr betrübt, als er uns plötzlich verließ. Er hätte leicht in Mecklenburg eine Stelle als Musiklehrer erhalten können, zog es jedoch vor, in der weiten Welt einer unsicheren Zukunft entgegenzugehen. Weil ich ihn von der Kindheit her immer im Gedächtnis behielt, erkundigte ich mich später oft nach ihm, vermochte indes keine Nachricht über ihn einzuziehen. Erst nach einer Reihe von Jahren hörte ich ihn als Komponisten der ‚Lustigen Weiber von Windsor' nennen, die sicher der besten Oper der neueren Zeit sich anreihen. Nicht lange darauf ward mir dann die Kunde seines frühzeitigen Todes."[2]

Wir kehren zurück, um über Gadebusch und Grevesmühlen nordwärts in den Klützerzipfel zu fahren, wie das Gebiet oben am Ostrand der Lübecker Bucht heißt. Der Volksmund nennt es treffend den „Speckwinkel", denn die schweren Geschiebelehmböden der Eiszeit sind ungemein fruchtbar. Nur rund 150 Quadratkilometer umfaßt der ganze Zipfel, ein Prozent davon gehört zu den barocken Schloß- und Gartenanlagen von Bothmer, die sich der Reichsgraf von Bothmer 1726–32 erbauen ließ. Als preußischer Gesandter am englischen Hof hatte er Blenheim Castle, den Wohnsitz des Herzogs von Marlborough, kennengelernt und nach dessen Vorbild sein eigenes Schloß erbauen lassen. Eine dreihundert Meter lange Lindenallee führt auf den Ehrenhof zu, und wenn auch der Volksmund behauptet, man habe vor 250 Jahren die Bäume mit den Kronen in den

Ausgrabung der Mikilenburg in den sechziger Jahren

Boden gepflanzt, so verdanken diese ihr heute merkwürdiges Aussehen aber nur der Kunstfertigkeit der barocken Gärtner.

Die Küste Mecklenburgs ist im Gegensatz zum pommerschen Ostteil des Landes von großen Buchten gekennzeichnet, die dem Abschnitt zwischen Boltenhagen und Kühlungsborn die Bezeichnung „Buchtenküste" einbrachten. Bevor wir uns aber Wismar zuwenden, dem wichtigsten Hafen in diesem Gebiet, ist noch ein kleiner Abstecher südwärts zum Dorf Mecklenburg notwendig, nicht nur, um die schöne Backsteinkirche zu besuchen und die Mühle, die noch bis 1960 arbeitete, sondern vor allem, weil wir hier an besonders geschichtsträchtiger Stelle, an der Wiege des Landes, stehen. Der Friedhof südlich der Kirche bildete einst den Ringwall der „Mikilenburg". Dort residierten bis zur Mitte des 13. Jahrhunderts die Abodritenfürsten, und ihr Sitz gab später dem ganzen Land seinen Namen.

Nur wenige Kilometer sind es dann bis nach Wismar, das verkehrsgeographisch günstig am Ostseeweg von Lübeck nach Stettin (Szczecin) liegt und heute das regionale Zentrum für Wirtschaft, Seeverkehr und Tourismus im westlichen Küstenbezirk bildet. Schon 1256 hatten die Abodritenfürsten ihren Sitz von der Mikilenburg in die rasch aufblühende Handelsstadt verlegt. Bald trat Wismar in enge wirtschaftliche Verbindung zu Lübeck im Westen und dem nur wenig ostwärts gelegenen Rostock; ein Jahrhundert später wurde es Mitglied der Hanse.

Zum erstenmal begegnet uns hier dieser Städtebund, der für rund hundert Jahre die Geschicke des Ostseeraumes und damit auch Mecklenburgs entscheidend prägte. Die Macht dieser Städte unter der Führung Lübecks war so groß, daß sich ihr Fürsten und Könige beugen mußten, und sogar der deutsche Kaiser Karl IV. bezeugte ihnen Respekt. Der gesamte Ostseehandel und ein Großteil des Nordseehandels lief über die Kontore der Hansestädte; ihre Koggen beherrschten die Seewege. Im Ostseeraum wurden Heringe, Stockfisch, Salz, Tuche, vor allem aber auch Teer, Holz und Felle sowie kostbare Pelze gehandelt und transportiert. Wismar widmete sich vor allem dem Handel mit den slawischen Ländern des Ostens. Die Bedeutung der Stadt zeigt sich allein schon in der Tatsache, daß hier siebzig Handelstage abgehalten wurden. Die enge Bindung an den Bund beeinflußte das Schicksal der Stadt; mit dem Niedergang der Hanse verlor Wismar rasch an Bedeutung. Nach dem Dreißigjährigen Krieg fiel es im Westfälischen Frieden an Schweden und wurde zu einer starken Festung ausgebaut. Abgeschnitten vom Hinterland, wurde es für 1,25 Millionen Taler von Schweden an die Herzöge von Mecklenburg verpfändet. Erst 1903, als Schweden das Pfand nicht mehr einlösen wollte, fiel es endgültig an Mecklenburg und damit an das Deutsche Reich zurück.

Hansekogge, Kupferstich

Noch Anfang der zwanziger Jahre leitete Ricarda Huch das Kapitel über Wismar in ihrem Buch „Aus dem alten Reich" mit einer nostalgisch-romantischen Schilderung ein: „Es wird Abend, und das Boot nähert sich der Küste. Graue Wolken haben sich gesammelt und die Insel hinter mir verschlungen. In der Nacht wird es regnen; die Bootsleute halten inne, lassen das Wasser von den Rudern tropfen und blicken gedankenlos auf die Stadt, die aus dem Meere steigt. Seltsames Bild, wie gemalt von den Fingern eines Träumenden am Horizont. Die allzuhohen

Der „Alte Schwede" am Wismarer Marktplatz, historisches Foto

Türme, die aneinandergedrängten Dächer haben nichts Körperliches, und der kühle Hauch, der von der Erscheinung ausgeht, kündet Geisternähe an. Ist das Vineta, von der die Chroniken dunkel berichten? Hat die schaurige Stunde geschlagen, in der, einmal vielleicht in hundert Jahren, das Begrabene und Versunkene auftaucht? Ja, aus dem Meere kommt die Fabelstadt, eingehüllt in die Feuchte der unerforschten Tiefe, die das Glutrot ihrer Steine dämpft. Kein Lärm dringt aus den Gassen oder vom Hafen her, wo es sonst in Seestädten so ausgelassen zugeht; diese Häuser scheinen von lautlosen Tränen überströmt zu sein. Ein altes Tor mit hochgerecktem Stufengiebel winkt zum Eintritt; darf man ihm trauen? Was geschieht dem Lebendig-Sterblichen, der den Zauberkreis betritt? Es scheint plötzlich, als sei das Tor ein garstiger Kobold mit äffender Fratze. Rieselt und rauscht es nicht dahinter? Vernahm ich nicht ein grelles, klirrendes Geschrei und dazwischen süße Akkorde, wie wenn Meerweiber sich vergnügen? Sie locken die Irdischen in die tote Stadt, und um Mitternacht müssen sie mit ihr hinunter, den gefräßigen Fischen zur Beute. Erklärt sich die Schwermut, die über Wismar liegt, nur aus dem Verfall einer einst blühenden Stadt? Oder verbirgt sich ein Geheimnis der Geschichte dahinter?"[3]

Das war einmal das Wismar von vorgestern. Das Wismar von gestern bildet den Hintergrund für Alfred Anderschs Roman „Sansibar oder der letzte Grund", der 1957 erschien. Der Dichter nennt das kleine Ostseestädtchen, in dem 1937 mehrere Menschen zusammentreffen und einen Weg in die Freiheit suchen, zwar Rerik, aber unschwer erkennt man aus der genauen Zeichnung der Einzelheiten, daß er hier das Vorkriegswismar mit seinen Kirchen, Gassen und Giebelhäusern beschreibt.

Inzwischen hat sich viel geändert. Der wirtschaftliche Aufschwung vor dem Zweiten Weltkrieg führte zwar zur Ansiedlung von Großbetrieben, aber aber was damals ein Vorteil zu sein schien, lockte auch die Katastrophe an; schwere Bombenangriffe während des Zweiten Weltkrieges vernichteten nicht nur achtzig Prozent der Industrie, sondern auch mehr als ein Viertel des alten Wismar, die Wohnhäuser wie die Kunstdenkmäler. Die DDR förderte den wirtschaftlichen Wiederaufbau, so daß sich Wismar heute zur modernen Hafen- und Industriestadt gewandelt hat, bei der es schwerfällt, noch einen Hauch jener tristen Romantik zu finden, den Ricarda Huch in ihrer Schilderung des Vorkriegswismar beschworen hat.

Noch bleiben ein paar Sehenswürdigkeiten, die an die große Vergangenheit der Hansezeit erinnern. Da ist der schöne, alte Marktplatz, einer der größten Norddeutschlands überhaupt; da ist die 1602 errichtete Wasserkunst, die Wismar noch bis vor hundert Jahren mit Wasser versorgte; da ist die Nikolaikirche mit ihrem 37 Meter hohen Mittelschiff, das nur vom Kölner Dom und dem Ulmer Münster übertroffen wird. Vor allem aber lohnt der Gang zum Alten Hafen, der heute nur noch vom Fährver-

Die Georgenkirche in Wismar wurde im Zweiten Weltkrieg zerstört

Bauer und Bäuerin von der Insel Poel Anfang des 19. Jh.

kehr und der Fischerei genutzt wird. Hinter dem Wassertor, dem letzten erhaltenen Stadttor, scheint die Zeit zumindest seit dem 18. Jahrhundert stillgestanden zu sein, noch immer gibt es hier alte Lagerhäuser und Speicher. Nur ein paar Schritte sind es zum „Baumhaus". Der Name des barocken Gebäudes, das heute als Hafenamt dient, erinnert noch an den „Baum", ein Langholz, mit dem hier der „Bohmschlüter" allabendlich die Hafeneinfahrt sperrte; so leicht war das einmal mit Sicherheit und Ordnung!

Wer Zeit hat, wird vom Alten Hafen aus eines der Ausflugsschiffe benutzen und durch die Wismarer Bucht hinüberfahren zur Insel Poel. Man erreicht die Insel auch mit dem Auto, da sie seit zweihundert Jahren ein Damm mit dem Festland verbindet. Deutlich erkennt man dort noch die Wallanlagen der Festung Kirchdorf, die Herzog Adolf Friedrich von Mecklenburg 1620 als Bollwerk gegen die skandinavischen Staaten errichten ließ, was ihm aber nicht viel nutzte; denn nach dem Dreißigjährigen Krieg fiel die Insel gleichzeitig mit Wismar an Schweden. Während letzteres dann von den Schweden befestigt wurde, verfielen dagegen die Anlagen auf Poel.

Zwischen Wismar und Poel liegt der kleine Ort Redentin. Eigentlich lohnt sich dort kein Aufenthalt, doch werden Kenner bei der Nennung des Namens aufhorchen, steht dieser doch in engem Zusammenhang mit einer bedeutenden Dichtung des späten Mittelalters, dem „Redentiner Osterspiel". Ein Mönch des Klosters Doberan, zu dem Redentin einmal gehörte, war es wohl, der in der zweiten Hälfte des 15. Jahrhunderts dieses Spiel von Leiden und Sterben Christi niederschrieb, das zur Erbauung und Ermahnung eines breiten Publikums gedacht und dementsprechend aufwendig mit vielen Mitwirkenden und oft dramatisch-packenden Szenen gestaltet war. Es mag im Ostseegebiet häufig aufgeführt worden sein, deshalb stellte der Autor auch Bezüge zur umliegenden Landschaft her, wie wir es bei dem Gespräch zwischen einem Nachtwächter und zwei Rittern in jenem ostelbischen Dialekt hören, der damals an der mecklenburgischen Küste gesprochen wurde:

Primus miles:

„Wachter, myn leve vrunt,
Wake myt uns an desser stunt.
Wes uns truwe unde holt,
Dat vramet di sulver unde golt."
Et sic ponet se dormiens.
Tunc cantet vigil et post unum versum dicit:
„Wake, ritter kone!
Tuschen Hiddensee unde Mone
Dar se ik wol twe,
De vleten an der wilden see
An eyneme korve, des drink my.
Rytter ghemeyt, nu ware dy!

Secundus miles:

Wachter, leve bole,
Seggeh my wen se sint by Pole,
So wyl ik my to der were stellen
Unde spreken to mynen ghesellen."

Der erste Ritter:

„Wächter, mein lieber Freund,
Wache mit uns in dieser Stunde!
Sei uns treu und ergeben,
Das bringt dir Silber und Gold ein."
Und so legen sie sich schlafen.
Dann soll der Nachtwächter singen,
und nach einer Strophe sagt er:
„Wache, kühner Ritter!
Zwischen Hiddensee und Moen
Da seh ich wohl zwei,
Die auf der wilden See schwimmen,
In einem Schiff, so dünkt es mich.
Stolzer Ritter, nun hüte dich!

Der zweite Ritter:

Wächter, lieber Bruder,
Sagt mir, wenn sie bei Poel sind!
Dann will ich mich zur Wehr setzen
und meine Gesellen ermutigen."[4]

Heinrich Schliemann

Auf dem Wege nach Rostock durchqueren wir nahe beim Salzhaff das Städtchen Neubukow, das um die Mitte des 13. Jahrhunderts planmäßig angelegt wurde. Einen Aufenthalt lohnte bestenfalls die Holländer Windmühle am Stadtrand, wäre da nicht noch die Erinnerung an Heinrich Schliemann. Tatsächlich weist eine Gedenktafel am Pfarrhaus darauf hin, daß im Vorgängerbau 1822 der spätere große Altertumsforscher als Sohn des damaligen Pastors in Neubukow geboren wurde. Bewußt hat er seine Heimatstadt sicher nicht kennengelernt; denn er war 16 Monate alt, als der Vater eine Pfarrstelle in Ankershagen antrat, und dort werden wir ihm noch einmal begegnen. Aber trotzdem: Von diesem kleinen Städtchen nahe der Ostseeküste führte sein Weg hinaus in die Welt. Und es ist einer der seltsamsten Lebenswege, die man sich nur vorstellen kann. In seinem Falle übertrifft die Wirklichkeit sogar jede Phantasie. Von Mecklenburg nach Griechenland, vom Sohn eines armen Pastors zum Millionär, vom unbedeutenden Kaufmannsgehilfen zum gefeierten und weltberühmten Entdecker Trojas. Man mag heute vielleicht manche seiner Forschungen in kritischerem Licht sehen als früher, doch bleibt die Hochachtung, ja Bewunderung vor seiner Energie und seinem unerschütterlichen Willen, mit dem er alle Hindernisse überwand, bestehen. Der feste Glaube an seine Idee, an das Werk Homers, ließ ihn auf alle weiteren finanziellen Erfolge und Reichtümer verzichten, nur um der Wissenschaft zu dienen und jenen Traum zu verwirklichen, den er als Knabe in der väterlichen Studierstube zu träumen begonnen hatte und an dessen Ende schließlich die Entdeckung und Ausgrabung Trojas und der Königsgräber von Mykene stand.

Nördlich von Neubukow liegt zwischen Salzhaff und Ostsee das Bad Rerik, das angeblich auf den frühmittelalterlichen Handelsplatz Reric zurückgehen soll, der von den Wikingern 808 zerstört wurde. Längst ist nachgewiesen, daß es sich dabei um einen Irrtum handelt; das alte Reric harrt noch seiner Entdeckung, der Name aber blieb dem neuen. Wohl fast jeder Reiseführer wird bei Rerik vermerken, daß die frühgotische Hallenkirche des Ortes „eine der schönsten Landkirchen“ in ganz Mecklenburg sei.

Wer da denkt, daß in einer solchen Kirche stets nur fromme Gedanken aufkommen konnten, dürfte sich täuschen. Denn hier in Rerik oder in Klütz, in Kirchdorf und in den kleinen Kirchen der anderen Küstenorte beteten die Gläubigen brav, der Herr „möge den Strand segnen“, d. h. er möge möglichst viele Schiffe stranden lassen oder zumindest ein paar „fette Brocken“, deren Ladung als Strandgut den Leuten dann zufallen würde. Erst 1777 verbot Herzog Friedrich der Fromme von Mecklenburg solche „verwerflichen Gebete“. Es dürfte nicht die einzige unfromme Handlung gewesen sein, die diese Kirchen erlebten. Es ist noch nicht untersucht, ob nicht in ihnen, wie in den Kirchen des benachbarten Schleswig, von der Kanzel herab zur Teilnahme an Guinea-Fahrten der Sklavenhändler geworben wurde. Daß man in solcher Tätigkeit nichts Verwerfliches sah, beweist das Schicksal des pommerschen Seefahrers und späteren Bürgermeisters von Kolberg, Joachim Nettelbeck.

Badeort, Sommerfrische, Massentourismus – das sind Stichworte, die uns für das Küstenstück zwischen Boltenhagen und Warnemünde in den Fremdenführern häufiger begegnen; früher kam noch die allmächtige

Kürzel FDGB dazu, organisierte doch der „freie" Gewerkschaftsbund in der DDR den Erholungsbetrieb in den kleineren und größeren Seeorten. Immerhin lockten hier – und locken immer noch – kilometerlange Badestrände.

Es wäre aber bedauerlich, wollte man über aller Begeisterung für die prächtigen Bademöglichkeiten gerade bei Rerik jene Spuren der Vergangenheit übersehen, wie sie hier die „Hünengräber" bieten, die in der Umgebung anzutreffen sind. Als Dolmen oder Megalithgräber werden sie korrekt bezeichnet, die Gräber der Jungsteinzeit, die hier oben an der Küste verschiedentlich anzutreffen sind.

Von Kühlungsborn, dem größten Badeort an der mecklenburgischen Küste, bis nach Bad Doberan verkehrt „Molli", eine Kleinbahn, die weit über die Grenze des Landes hinaus Berühmtheit erlangt hat, und das seit mehr als hundert Jahren! Molli ist eine Kleinbahn mit einer Neunzig-Zentimeter-Schmalspur, deren Betrieb am 19. Juli 1886 eröffnet wurde. Ein zeitgenössischer Bericht liefert dazu sozusagen den Steckbrief: „Die Räumlichkeiten des Stationsgebäudes Bad Doberan der Wismar-Rostokker-Eisenbahn dienen gleichzeitig der Doberan-Heiligendammer-Eisenbahn. Zur Unterbringung der Maschinen ist auf dem Bahnhof ein besonderer Schuppen eingerichtet worden. In der Stadt Doberan befinden sich zwei Haltepunkte (Mitte oder Poststraße und Chausee) und an der Chausee nach Heiligendamm ein Haltepunkt (Rennplatz). Im Bahnhof Heiligendamm (dort sind zwei Weichen für das Lok-Wendegleis) ist eine offene Wartehalle errichtet. Zwischen Doberan und Heiligendamm ist eine Telefonverbindung hergestellt. Die Endstellen und die Haltestelle Rennplatz erhielten einen Siemens'schen Induktionsapparat. An Betriebsmitteln waren vorhanden: zwei Trambahnlokomotiven der Hohenzollern AG mit Dampfkondensationseinrichtung und Koksfeuerung, ein Gepäckwagen mit 5000 Kilogramm Tragfähigkeit, acht Personenwagen mit 246 Sitzplätzen und 128 Stehplätzen."[5]

15,4 Kilometer legt Molli in knapp 45 Minuten zurück, unermüdlich. Immerhin hat sie seit ihrem Bestehen schon mehr als sechzig Millionen Fahrgäste befördert, und eine solche Zahl läßt hoffen, daß die Dampflok und die gelb-roten Wagen auch in den nächsten Jahren so brav und zuverlässig wie bisher verkehren werden, zumal sie ja seit 1976 eigens unter Denkmalschutz gestellt wurden.

Von Kühlungsborn aus fährt Molli zuerst einmal nach Heiligendamm. Die Sage erzählt, daß der Ort, der heute zu Bad Doberan gehört, Ursprung und Namen den frommen Gebeten der Mecklenburger verdankt, die das Land, das in der Flut immer stärker abbröckelte, dem Schutz des Herrn empfahlen. Und siehe da, in einer Nacht sei eine mächtige Düne entstanden, die sich schützend wie ein Damm vor die Küste gelegt habe: „... und alles Volk lobte Gott, und sie nannten den Damm den Heiligendamm und konnten ihn nicht ohne Dank und Verehrung erblicken."

Immerhin wurde schon 1793 von dem weitblickenden Herzog Friedrich Franz I. von Mecklenburg das erste Seebad Deutschlands in Heiligendamm errichtet. Ein gewaltiger Findling vor dem ehemaligen Grand-Hotel am Kurhausplatz weist mit einer Inschrift auf diese Tatsache hin. 1850 vermerkte das „Illustrirte Reisehandbuch" von C.F. Jahn für den Badebetrieb:

„Wer die Badezeit in größerer Ruhe verleben will, sucht in den Wohnungen auf dem 3/4 Meilen entfernten heiligen Damme, woselbst die Seebadanstalten, ein Unterkommen zu finden. In der Nähe des Heiligendammes entspringt die Schwefelquelle, deren Wasser durch unterirdische Röhren dem Badehaus zugeführt wird. Unfern der Schwefelquelle ist die Bittersalzquelle. Auf dem Heiligendamme, wohin man mittels der zweimal täglich coursirenden Eilwagen für 12 Schilling fahren kann, findet man das große Badehaus, außer den Badezimmern zugleich mit Wohnzimmern für Fremde, einem Eintritts- und Gesellschaftszimmer versehen; ferner ein, als Versammlungsort der Badenden dienendes Säulengebäude mit einer Restauration, ein Armen-Krankenhaus und unmittelbar an der See das Badgebäude für Damen. Für die Herren, welche im Freien baden, ist am Strande ein aus 18 Zimmern bestehendes Gebäude zum Entkleiden aufgerichtet. Für Brunnentrinkende ist durch eine Struve'sche Anstalt künstlicher Mineralwasser gesorgt. Die Badestunden müssen genau beobachtet werden. Die Abonnenten genießen vor jenen den Vorzug, welche einzelne Bäder nehmen. Bei stürmischer See badet man in den Badehäusern. Ein Bad in der offenen See 8 Sch., im Karren 12 Sch., für ein Wannenbad kalt 16 Sch., warm 24 Sch.; für ein Tropf- und Spritzbad 12 Sch., für einmaliges Elektriziren 6 Sch., für Heizung des Badezimmers 4 Sch., für ein Handtuch 1 Sch. Die Wohnungsmieten steigen, je nach der Lage, Größe und Eleganz der Einrichtung von 15–100 Tlr. für den Monat; die theuersten sind die am Camp, dem schönsten Platz Doberans. An der table d'hôte im großen Speisesaal dinirt man für 24 Sch. Wer es vorzieht, in seiner Wohnung zu speisen, erhält aus öffentlichen Gast- und Speisehäusern für 16–24 Sch. drei bis vier Schüsseln reichlich für 2 Pers. – Die Beköstigung der Domestiquen ist am billigsten im Landgruve und bei Träde in der Neuen Reihe."[6]

25 Jahre später, als es schon ein wenig bergab ging mit dem vornehmen Kurbad, besuchte es Theodor Fontane; er gab eine etwas bissige, heute weitgehend vergessene Schilderung:

„Das Seebad Doberan, im Gegensatz zu der eine halbe Meile landeinwärts gelegenen Stadt Doberan, liegt hart am Meere, am sogenannten ‚Heiligen Damm'. Mit dieser seltsamen Bildung der Natur, der, wie es scheint, von einem Spötter ihr hochtönender Name beigelegt wurde, lassen Sie mich beginnen. Bis zu meinem Eintreffen hier knüpfe ich daran die Vorstellung von etwas Großem, poetisch Gewaltigem, oder doch wenigstens von etwas auf den ersten Blick Sichtbarem. Es ist aber weder das eine noch das andere. Ich war schon ein halbes Dutzendmal auf diesem vielgenannten Grund und Boden spazierengegangen, als ich endlich auf meine Frage: ‚Wo ist denn nun aber Ihr berühmter heiliger Damm?' die Antwort erhielt: ‚Dies ist er, Sie stehen auf demselben.' Es ist ein buchenbestandener Uferrand, zu dessen Füßen viele Kieselsteine liegen, eine andere Erklärung vermag ich auch heute noch nicht vom Heiligen Damm zu geben. Ich hatte an Stubbenkammer oder Steffe oder den Giant's Causeway in Irland gedacht! Und nun dies! Möglich, ja wahrscheinlich, daß es vor siebzig Jahren, bei der Gründung des Bades, hier schöner war. Uralte Buchen standen auf Meilen hin, und der Abhang selbst (von dem es heißt, es wäre seitdem viel fortgespült worden) präsentierte sich noch in charaktervoller Gestalt. Nur so vermögen wir uns den Ruhm dieser

Stelle zu erklären. Was jetzt da ist, ist ein Nichts. Die alten, mächtigen Buchen sind hin; ein Jungholz, wie man es überall sieht, ist an ihre Stelle getreten, unbedeutende, ziemlich dichtstehende Stämme; das Ganze von einem Grabenwasser durchlaufen, das eine Atmosphäre erzeugt, nicht viel besser als die von Moritzhof.

So viel über die Natur. Nun über das Bad selbst, ‚Bad' im weitesten Sinne genommen. Auch in Bezug hierauf läßt sich sagen: Es war besser. In dem ersten Drittel dieses Jahrhunderts herrschte hier ein Badeleben, von dem jetzt kaum noch Spuren vorhanden sind. Doberan war Reunion des mecklenburgischen Adels, eine Art Tafelrunde, wo sich die Ritter des Landes um ihren König Arthur sammelten. Dieser König Arthur hieß Großherzog Friedrich Franz. Die Parallele ließe sich noch weiter ausführen. Es gab zahllose Tristans und Isoldens; die Liebestränke (einfach in einer Mole gebraut) waren an der Tagesordnung, und ‚König Arthur', ein wahrer Vater seines Volkes, ging in allem mit gutem Beispiel voran. Es war das goldene Zeitalter Mecklenburgs. Wer es noch erlebt hat, spricht mit satter Wehmut davon, ein eigentümlicher Gemütszustand, der nur in Mecklenburg vorkommt."[7]

Endpunkt der Fahrt mit Molli ist dann die Stadt Bad Doberan. Auch hier gibt es wieder eine Sage, die den Namen und die Gründung erläutert. Fürst Heinrich Borwin von Pommern habe bei einer Hirschjagd versprochen, dort, wo der erste Hirsch zusammenbreche, wolle er ein Kloster errichten. Als das Tier ausgerechnet in einem Sumpfgebiet fiel, kamen dem Fürsten Zweifel an der Lage, aber da flog ein Schwan daher und rief: „dobr, dobr", was darauf schließen läßt, daß es sich um einen sorbischen Vogel handelte, denn das Wort bedeutete soviel wie „gut". Der

Der Doberaner Kamp mit Puppenspielervorführung, aquarellierte Federzeichnung von I.L.Hornemann, um 1820

Fürst folgte dem Ratschlag und gründete das Kloster. Tatsache ist, daß Zisterzienser hier in dem von ihnen bevorzugten Sumpfland 1171 das erste Kloster in Mecklenburg errichteten, der Ort selbst entstand erst 15 Jahre später. Aber Schwan und Hirsch gingen in das Stadtwappen ein.

Das bedeutendste kunsthistorische Denkmal der Stadt ist die Klosterkirche, an der fast ein Jahrhundert lang, von 1294 bis 1368, gebaut wurde. Die dreischiffige Basilika kann und will ihr Vorbild, die Marienkirche in Lübeck, nicht verleugnen. Hier beeindruckt nicht nur die architektonische Gesamtkonzeption, sondern vor allem ist das Doberaner Münster, wie es auch genannt wird, eine der ganz wenigen norddeutschen Klosterkirchen, die noch ihre ursprüngliche Innenausstattung behalten haben, darunter auch verschiedene Grabmäler, die eine enge Verbindung Doberans mit seinen nördlichen Nachbarn belegen. So ruhen hier Königin Margaretha von Dänemark, die 1282 in Rostock starb, König Albrecht von Schweden und seine Gemahlin Richardis und mehrere mecklenburgische Herzöge, denn Doberan war deren bevorzugte Grablege.

Aber es lohnt auch, sich noch ein wenig in der Stadt selbst umzusehen, die einmal zu den bevorzugten Badeorten der großen Gesellschaft zählte und dementsprechend vor allem noch reizvolle klassizistische Gebäude des beginnenden 19. Jahrhunderts aufweist. Und schließlich erfolgt hier auch die erste Begegnung mit dem mecklenburgischen Schriftsteller Ehm Welk, den wir noch an anderer Stelle näher kennenlernen werden. Er verbrachte in der Stadt seine letzten Lebensjahre bis zu seinem Tod 1966. Sein Wohnhaus birgt eine Gedenkstätte, und sein Grab liegt auf dem Waldfriedhof.

Auf direktem Wege sind es nur noch elf Kilometer bis nach Rostock, der wirtschaftlich bedeutendsten Stadt des heutigen Mecklenburg-Vorpommern an der Mündung der Warnow in die Ostsee. Die moderne Großstadt mit ihren Industriebetrieben, Werften und vor allem dem Überseehafen, den die DDR-Führung Ende der fünfziger Jahre mit großem Aufwand anlegen ließ, wurde in der Propaganda immer stolz „Tor zur Welt" genannt, eine Behauptung, die allerdings nur für den Güterverkehr, gewiß nicht für den freien Personenverkehr zutraf.

Zu den frühesten gesicherten Zahlen für die Geschichte der Stadt gehören 1161, 1218, 1232 und 1252. 1161 wird erstmals eine Burg und Siedlung „Roztock" erwähnt, 1218 ruft der Wendenfürst Heinrich Borwin I., der gleiche übrigens, der das Kloster Doberan gründete, deutsche Kaufleute und Handwerker in die neue Siedlung. Als Schwiegersohn Heinrichs des Löwen war er an einer engen Verbindung mit dem Westen interessiert. Die Kolonisten gründeten auf dem Hügel des jetzigen Alten Marktes die erste deutsche Siedlung, die Lübecker Stadtrecht erhielt. 1232 entstand dann in der Nähe der heutigen Marienkirche die Mittelstadt und zwanzig Jahre später westlich davon bei der jetzigen Universität eine Neustadt. Im Jahre 1265 endlich vereinigten sich die drei Siedlungen zu einer Stadt und beschlossen, daß Gericht und Rat künftig auf dem Mittelmarkt tagen sollten. Der wirtschaftliche Aufschwung setzte rasch und in enger Verbindung mit dem Aufstieg der Hanse ein. Die Handelsbeziehungen Rostocks übertrafen zeitweilig sogar den Handel Wismars und brachten Wohlstand in die Stadt, der sich hier wie überall in

Rostock, Vogelschaubild nach Wenzel Hollar, um 1650

mächtigen Profan- und Kirchenbauten spiegelte. Die Ratsherren von Rostock konnten es sich leisten, sogar selbstbewußt auf die Herzöge herabzublicken, die ja eigentlich Stadtherren waren; denn die Reichsunmittelbarkeit, wie sie einige wesentlich kleinere Städte in Mittel- oder vor allem in Süddeutschland hatten, erlangte Rostock nie. Trotzdem waren Rat und Bürgerschaft stolzer als in mancher Freien Reichsstadt. Es hätte ihnen sogar noch besser gehen können, wenn es nicht immer wieder zur schweren inneren Auseinandersetzung zwischen den Patriziern und den Handwerkern gekommen wäre. Eine Stadtmauer mit 22 Toren sicherte den Stadtbereich, der sich bis ins 19. Jahrhundert nicht über diese selbstgezogene Grenze hinaus ausdehnte. Nur das Fischerdorf Warnemünde wurde 1323 erworben.

1419 gründete Rostock eine Universität, die erste überhaupt im Norden Europas. Sie erfreute sich zu Recht bald eines so guten Rufes, daß sie den Ehrennamen „Leuchte des Nordens" erhielt. Allerdings bildete sie bald auch einen neuen Streitfaktor, und wiederholt kam es zwischen ihr und dem Rat zu heftigen Auseinandersetzungen. Eine gute Schilderung des Studentenlebens in Rostock im 16. Jahrhundert gibt der weitgehend vergessene Bartholomäus Sastrow, ein Bürgersohn aus Stralsund. Bald nachdem er 1537 als Siebzehnjähriger die Universität bezogen hatte, war sein Vater verarmt, und er sah sich auf Unterstützung angewiesen, um sein Studium fortsetzen zu können:

„Auf den Rat meines Bruders schickten meine Eltern mich nach Rostock in die Schule von Arnold Barenius und Heinrich Lingens... sie hielten in der Arnßburg zusammen ihren Unterricht, hatten auch den meisten Zulauf. Mit den beiden Magistern zusammen an die 30 Personen, gingen wir zu Herrn Jakob Broeker Mittag essen und zahlten fürs Essen 16 Gulden im Jahr. Dafür gab's im Winter tagsüber einen Imbiß und zwei Mahlzeiten, im Sommer außer den beiden Mahlzeiten und dem Imbiß noch nachmittags Dickmilch oder etwas ähnliches.

Als ich zwei Jahre in Rostock gewesen war, beschwerten sich meine Eltern über die Unkosten. Als sie aber merkten, daß ich mich dem theologischen Studium widmen wollte, waren sie gar nicht zufrieden damit und wollten, ich solle nach Hause kommen. Ich meinte, daß ich noch zu jung und ungelehrt sei, um mich schon einer bestimmten Fakultät anzuschließen. Vom Studieren wollte ich aber um keinen Preis ablassen und klagte deshalb meinen Lehrern mein Leid. Die erließen mir, was ich und die anderen ihnen für den Unterricht gaben. Alsdann verhandelten sie mit unserem Wirt, daß ich ihm jährlich nur 8 Gulden fürs Essen zahlen sollte. Dafür übernahm ich das Tischdecken, Auf- und Abtragen von Speise und Trank, mußte auch den Bartelt Broeker, sein Söhnchen, beaufsichtigen, ihm besonders die Bücher beieinanderhalten. Der Bursche war übrigens

Die Rostocker Universität 1884

Wer von Schleswig-Holstein kommend die Ostseeküste entlangfährt, durchquert den Klützer Winkel, ein fruchtbares Ackerland hinter dem Seebad Boltenhagen. Die Gegend zeigt sich schon echt mecklenburgisch: sanft geschwungene grüne Felder, kleine Teiche und Seen, jahrhundertealter Baumbestand und ein weiter, wolkenreicher Himmel. Die dreihundert Meter lange Lindenallee, die zum Schloß Bothmer gehört, ist Teil der barocken Gartenkunst der Bothmerschen Parkanlage.

Schloß Bothmer bei Klütz, eines der größten barocken Landschlösser Mecklenburgs, wurde 1726–32 nach dem Vorbild des Blenheim Castle in Oxfordshire gebaut. Der Architekt Johann Friedrich Künnecke folgte damit einem Plan des Reichsgrafen von Bothmer, der preußischer Gesandter am englischen Hof war.

Oben: Die Pfarrkirche St. Marien in Klütz wurde um 1280 erbaut, im Stil einer frühgotischen Hallenkirche. Der gedrungene Westturm stammt aus dem 14.Jh. Der Klützer Winkel wird bereits 1188 urkundlich erwähnt, als Kaiser Barbarossa den Lübecker Bürgern das Recht zusicherte, im „silva Clutse" Holz zu schlagen.
Links: Beim Ostseebad Boltenhagen kann man die rund dreißig Meter hohe Steilküste entlangwandern. Mit etwas Glück sieht man schöne, alte Schiffe unter vollen Segeln die Mecklenburger Bucht durchkreuzen.

Wo de Ostseewellen trecken an
den Strand,
Wo de gele Ginster bleugt in'n
Dünensand,
Wo de Möven schriegen grell in't
Stormgebrus,
Da is mine Heimat, do bün ick to
Hus.

Seit die aus Barth stammende Dichterin Martha Müller-Grählert 1908 mit diesen Zeilen ihrer Heimat gedachte, trecken die Wellen unaufhörlich an den Strand – wenn auch meisten als „Nordseewellen". Das Gedicht, das vom Dirigenten des Züricher Arbeiter-Männergesangsvereins vertont wurde, ging als „Friesenlied" und als „Ostpreußenlied", auf Helgoländisch und selbst auf Ladinisch – dann allerdings ohne Wellen und Möwen – um die Welt (links).

Oben: Der Marktplatz von Wismar ist mit 10000 m^2 der größte Mecklenburg-Vorpommerns. In seiner Mitte steht seit 1602 die zwölfeckige Wasserkunst, ein nach Plänen von Philipp Brandin im niederländischen Renaissancestil errichteter Bau, der bis 1897 der Wasserversorgung diente.
An der Ostseite des Platzes sieht man Wismars ältestes Bürgerhaus, ein Backsteinbau aus dem 14.Jh. Seit 1878 ist hier die Gaststätte „Alter Schwede" untergebracht. Rechts daneben befindet sich das Reuter-Haus, in dem der Verleger Hirnstorff seine Lehre absolvierte und das er später erwarb. Fritz Reuter wohnte hier bei seinen Wismarer Aufenthalten. 1988 wurde das baufällige Gebäude originalgetreu wiederaufgebaut.

Die nahe dem Hafen gelegene Wismarer Nikolaikirche ist dem Schutzpatron der Seefahrer gewidmet. Sie wurde zwischen 1381 und 1487 errichtet. Die Backsteinbasilika ist die gewaltigste Kirche im Ostseeraum, der Scheitel des Mittelschiffs liegt bei 37 Metern.
Zu den Kostbarkeiten der Nikolaikirche gehört der spätgotische Schifferaltar, ein Flügelaltar aus dem 16.Jh. mit den Figuren von Maria, Jakobus dem Älteren und St. Nikolaus.

Oben: Der Hafen von Wismar zeugt kaum noch von der Größe der einst mächtigen Hanse- und Hafenstadt. Der ehemals zweitgrößte Hafen der DDR ist heute stark von der Werftenkrise betroffen. Im alten Teil sind noch die historischen Kaianlagen und Speicher zu sehen.
Links: Ab dem 12.Jh. ist die Backsteinbauweise für Kirchen in Mecklenburg bekannt. Allmählich eroberte der gebrannte Stein das Land und löste den Feldstein ab. Wer sich auf den Besuch der großen städtischen Gotteshäuser oder der Klosterkirchen beschränkt, verpaßt so manches Kleinod. Im Ostseebad Rerik lohnt ein Besuch der frühgotischen Landkirche aus dem 13.Jh., vor allem wegen ihrer barocken Ausmalung und Einrichtung.

Mecklenburgs ältestes und mächtigstes Kloster wurde 1171 von Zisterziensermönchen im heutigen Bad Doberan gegründet. Die Klosterkirche, auch „Doberaner Münster“ genannt, zählt zu den beeindruckendsten gotischen Kirchen Norddeutschlands. Die dreischiffige Backsteinbasilika wurde zwischen 1294 und 1368 nach dem Vorbild der Lübecker Marienkirche errichtet.
Das Kircheninnere nimmt durch seine schlichte Harmonie und die warmen, fröhlichen Farben gefangen. Die kostbare Ausstattung blieb im wesentlichen in ihrer ursprünglichen Form erhalten.
Unten: Als der mecklenburgische Herzog Friedrich Franz I. Ende des 18.Jh. Doberan zu seiner Sommerresidenz erwählte, entwickelte sich das nahe gelegenen Heiligendamm zum ersten Seebad Deutschlands. Nach Plänen des Baumeisters C.Th.Severin entstand die klassizistisch geprägte „weiße Stadt am Meer“. Das heutige Kurhaus mit dorischer Säulenvorhalle wurde 1816 als „Gesellschafts-, Tanz- und Speisehaus“ fertiggestellt.

Mehr Steine als Sand erwarten den Besucher des Strandes von Heiligendamm – ein Grund, weshalb im 20.Jh. Deutschlands ältestes Seebad an Bedeutung verlor.

Schon zu DDR-Zeiten war Rostock ein wenig weltoffener und moderner als viele andere ostdeutsche Städte. Die beliebteste Einkaufsmeile war und ist die Kröpeliner Straße mit ihren restaurierten Renaissance- und Barockhäusern. Den Abschluß bildet das Kröpeliner Tor aus dem 14.Jh. Es gehört zu den vier Stadttoren, die die Zeit überdauert haben.
Rostocks Geschichte ist eng mit seinem Hafen, mit Schiffahrt und Handel verbunden. Im 14. und 15.Jh. war die Stadt an der Warnow eine der bedeutendsten Hansestädte, im 19.Jh. besaß sie die drittgrößte Segelschiffflotte Deutschlands. Als 1957 der Überseehafen gebaut wurde, bekam Rostock den Beinamen „Tor zur Welt“. Heute kämpft die Stadt mit der Auswirkung der Werftenkrise und der Konkurrenz durch die Hafenstädte Hamburg und Bremen.

Vorhergehende Seiten, links: Am Rostocker Neuen Markt erheben sich vor dem mächtigen Bau der Marienkirche die typischen Giebelfronten der einst so stattlichen Bürgerhäuser. Durch Bombenangriffe im Zweiten Weltkrieg wurden die meisten der schönen, alten Häuser am Neuen Markt zerstört; nur sieben blieben erhalten.
Vorhergehende Seiten, rechts: Das Kerkhof-Haus ist eines der ältesten und prächtigsten Giebelhäuser Rostocks. Bürgermeister Bertold Kerkhof ließ das mit einem siebenteiligen Staffelgiebel ausgestattete Gebäude um 1470 errichten.
Der überwiegende Teil des Terrakottaschmucks stammt aus dem 16.Jh.

Die Enstehungsgeschichte der Rostocker Marienkirche reicht von 1230 bis 1452. Der mächtige gotische Bau zeugt vom damaligen Wohlstand und Selbstbewußtsein der Bürger der Hansestadt, die ihren Lübecker Konkurrenten und deren Marienkirche nicht nachstehen wollten.
Links: Im Innern beeindruckt die reich verzierte Astronomische Uhr von 1472, die einen Kalender bis zum Osterfest des Jahres 2017 aufweist.
Rechts: Zu den zahlreichen Kostbarkeiten der Marienkirche zählt die fast drei Meter hohe Bronzetaufe aus dem Jahre 1290. Sie wird von vier knienden Figuren, die Allegorien von Flüssen darstellen, getragen und ist mit einem fein gearbeiteten Figurenrelief verziert.

Oben: Im Freilichtmuseum von Klockenhagen, westlich von Ribnitz-Damgarten, kann man die traditionelle Bauweise der Region kennenlernen. Das niederdeutsche Hallenhaus vereint Wohnung, Stall und Scheune unter einem Dach und wird deshalb auch „Einheitshaus“ genannt. Der tiefherabgezogene Walm des Vordergiebels ist eingeschnitten, damit die beladenen Wagen auf die Diele fahren konnten. Vermutlich wurde der Typ des Fachwerk-Hallenhauses im 12.Jh. durch Siedler aus Niedersachsen in das Land zwischen Elbe und Oder gebracht. In Klockenhagen wurden etliche Häuser aus anderen Dörfern zusammengetragen und zu einem Museumsdorf, in dem auch Tiere nicht fehlen, wieder aufgebaut.

Rechts: Die stille Welt der Bodden bestimmt das Hinterland der vorpommerschen Ostseeküste. Die Lagunen entstanden nach der letzten Eiszeit, als das Meer die Moränenlandschaft überflutete und beim Zurückfließen in den Senkungen stehenblieb. Der hier abgebildete Saaler Bodden wird durch Fischland und Darß vom Meer getrennt.

Die Halbinsel Fischland, Darß und Zingst gehört zu den schönsten Gegenden der Ostseeküste. Hier findet man noch nahezu unberührte Flecken, die den Trubel der Seebäder vergessen lassen. Der Darß, an dessen Westküste sturmzerzauste Bäume von der Kraft des Windes zeugen, war noch bis ins 15.Jh. eine Insel. Doch die unaufhörliche Brandung formte die Küste neu, und noch immer wird durch Landabtragung das schmale Fischland beständig kleiner, während sich die Nordspitze des Darß durch den angeschwemmten Sand vergrößert.

Der Backsteinstil, der in Mecklenburg-Vorpommern so großartige Kirchen und repräsentative Bürgerhäuser geschaffen hat, prägt auch die schlichten, schönen Bauernhäuser des ländlichen Nordens. Das Idyll mit strohgedeckten Fachwerkbauten kann jedoch nicht darüber hinwegtäuschen, daß die Landwirtschaft in Mecklenburg stets ein hartes Geschäft war. Noch bis 1820 lebten viele Bauern in Leibeigenschaft, und auch danach war die wirtschaftliche Abhängigkeit von den Gutsherren groß. Fritz Reuter beschrieb die Situation seiner Heimat Mitte des 19.Jahrhunderts:

„Ja, Mecklenburg, du bist in sozialer Beziehung das Land der Extreme. Du hast Güter, auf denen man darauf studieren muß, die Erträge eines Tages in einem Jahr aufzufressen, und du hast Büdnereien, auf denen man darauf studieren muß, die Erträge eines Jahres nicht in einem Tage aufzufressen.“

Der 87 Meter hohe Turm der Marienkirche von Barth diente jahrhundertelang den Seefahrern als Orientierungspunkt. Die kleine Stadt gegenüber der Halbinsel Zingst war einst ein recht bedeutender Hafen- und Handelsplatz. Heute ist sie für die Versorgung der Seebäder auf Darß, Zingst und am Bodstedter Bodden wichtig.

länger als ich und geriet so wohl, daß er nachmals auf die Strafanstalt ziehen mußte. Diesem Junker hatte ich auch die Schuhe zu putzen und ihn aus- und anzukleiden. Damit nicht genug, mußte ich auch Magister Henning Lingen die Stiefel putzen, das Bett machen und die Stube heizen, ihm in die Kirche und auch sonst, wo er ging und stand, nachfolgen und ihm im Winter Licht bringen. Anfangs fiel mir das rechts schwer, vollends da ich zwei Jahre lang mit meinen Mitschülern am Tisch gesessen und mir hatte auftragen und vorsetzen lassen. Aber was sollte ich machen? Ich konnte nichts daran ändern. Der Unterricht war übrigens gut, beide Magister gaben sich redlich Mühe. Alles Geld, was uns die Eltern schickten, mußten wir unserm Lehrer, Herrn H. Lingen, geben. Was wir dann nötig brauchten, gab er uns, und alles, was wir von ihm bekamen, wenn es auch bloß ein Dreiling war, mußte sauber gebucht werden, wofür wir's ausgegeben hatten."[8]

Gedenktafel an John Brinckmans Wohnhaus in Rostock, Am Burgwall. Das Haus wurde 1942 zerstört.

Vier bedeutende deutsche Erzähler des 19. Jahrhunderts und der Gegenwart studierten übrigens in Rostock. So begann Fritz Reuter, von dem noch beim Besuch Stavenhagens ausführlich die Rede sein wird, hier mit dem Jurastudium, das er dann in Jena fortsetzte. Fast gleichzeitig mit ihm begann John Brinckman ebenfalls als Jurastudent, wechselte aber später zur Philologie. Er wird heute zurecht nach Reuter als bedeutendster Vertreter der mecklenburgischen Literatur angesehen. Mehrfach hat er seiner Vaterstadt, in der er 1814 geboren wurde, literarische Denkmäler gesetzt, so etwa in seinem plattdeutschen Erzähl-Zyklus „Kaspar-Ohm und ick. Een Schiemannsgoorn", in dem sich um den kauzigen Kapitän Kaspar Pött eine Reihe Rostocker Typen seiner Zeit gruppieren, oder aber im „Vagel Grip", einem Loblied auf Rostock, das ja den Vogel Greif im Wappen führt. Die ersten drei Strophen dieses Liedes sollen als Beispiel für Brinckmans Schaffen dienen:

„Ol Rostock – min ol Vadderstadt!
Ick heww di gor to leew,
So leiw, förwor! – Ick weit nich, wat
Ick üm die leet un geew. Ick bün nu mennig Jor all furd,
N'bäten all verspakt,
Man Rostock, dat's sonn eigen Wurd,
Dat frisch mi wedder makt.

Ick deer min Tid mi orig üm,
Wo dat wol bäter wir;
Nah Ost und Westen keem ick rüm,
An dusend Mil un mir;
Nipp keek ick to, doch tünn ick bal
Dat slichter, as ick droemt:
Varn vörrn dor wir dat muert all
Man achter wir dat kleemt.

Dat allerbest – dat allerbest,
Dat in dei Fröm' ick seeg,
En smuck lütt Fortüg is dat west,
Dat dör vör Anker leeg;

Noch lang höl dat kein hunnert Last,
Man wat mi denn so freugt –
Dat wir, dat van sien baewelst mast,
Dei Vagel grip hett weigt.“[9]

Der dritte Jurist ist der 1837 in Rostock geborene Adolf von Wilbrandt, den es aber nach dem Studium nicht in der Heimat hielt. Er ging nach Süddeutschland, fand Eingang in die Münchner Künstlerkreise, über die er vielgelesene zeitkritische Schlüsselromane schrieb, dann leitete er für einige Jahre die „Süddeutsche Zeitung“ und wurde nach längeren Auslandsreisen von 1881 bis 1887 Direktor des Burgtheaters in Wien. Seine letzten Lebensjahre verbrachte er wieder in Rostock, wo er auf dem Alten Friedhof begraben liegt. Nach dem Zweiten Weltkrieg studierte auch Uwe Johnson an der Rostocker Universität Germanistik. Er stammte aus Kammin in Hinterpommern, mußte die Heimat verlassen und wuchs in Mecklenburg auf. Mehrfach, wie etwa in den „Jahrestagen“, setzte er sich mit dem Land und seinen Menschen auseinander.

Die drei Jahrhunderte vom 17. bis zum ausgehenden 19. waren für Rostock eine schwere Zeit. Wirtschaftlicher Niedergang, politische und militärische Belastung durch Kriege und Besatzungen wirkten sich auf Alltag und Leben aus. Nach dem Ersten Weltkrieg setzte dann allmählich ein wirtschaftlicher Umschwung ein, der im Dritten Reich durch die Ansiedlung von Industrie planmäßig gefördert wurde, und für den die Stadt ähnlich wie Wismar dann im Zweiten Weltkrieg durch die Angriffe britischer Bombengeschwader schwer büßen mußte. Erst nach dem Krieg entwickelte sich Rostock unter dem SED-Regime zu einer modernen Groß- und Industriestadt. Der Hafen wurde nach modernsten Gesichtspunkten mit 90.000 Quadratmeter gedeckter und 200.000 Quadratmeter Freilagerfläche angelegt, was einen Güterumschlag von jährlich zehn Millionen Tonnen ermöglicht.

Die wirtschaftliche Förderung, die Rostock zu einer Art Paradepferd und Auslandsschaufenster für die DDR machte, kam auch dem Wiederaufbau und der Konservierung alter Bausubstanz und den Kunstdenkmälern aus hansischer Zeit zugute. So lohnt der Rundgang durch die Altstadt mit dem Alten und dem Neuen Markt und dem Universitätsplatz, mit dem Rathaus, den erhaltenen Giebelhäusern wie etwa dem Kerkhof-Haus, den großen Kirchen, allen voran der mächtigen Marienkirche, an der von der Mitte des 13. bis zum Ende des 18. Jahrhunderts gebaut wurde. Auch die wiederaufgebaute Petrikirche am Alten Markt gehört zu den Wahrzeichen der Stadt, und ihr 126 Meter hoher Turm diente früher als Landmarke für die Schiffahrt. Wer deren Spuren verfolgen will, muß vor dem Steintor das Schiffahrtsmuseum besuchen. Die dort ausgestellten Modelle der Hansekoggen geben lebendigen Anschauungsunterricht von der Hansezeit.

Die Rostocker Petrikirche

Die heutige Universität ist ein Bau des 19. Jahrhunderts, dessen Terrakottaschmuck an der Fassade dem Fürstenhof in Wismar nachgestaltet wurde. Davor steht das Denkmal für Gebhard Leberecht von Blücher, einem der Sieger über Napoleon. Er wurde 1742 in Rostock geboren, trat erst in schwedische, dann ab 1760 in preußische Militärdienste. Seine militärische Karriere begann erst richtig während der napoleonischen

Kriege, wo sich der schon Siebzigjährige während der Freiheitskriege besonders auszeichnete und nach der Völkerschlacht von Leipzig den Verbündeten den Weg nach Paris ebnete. Als Oberfeldherr der preußischen Armee rettete er den bedrängten Wellington 1815 bei Waterloo und entschied die Schlacht gegen Napoleon zugunsten der Verbündeten. Der ungemein volkstümliche Heerführer erhielt den Beinamen „Marschall Vorwärts“; zahlreiche Anekdoten kursieren über sein schrulliges Wesen, seine Bescheidenheit und seine mangelnde Schulbildung, derer er sich nie schämte. Das Denkmal in seiner Vaterstadt, das der klassizistische Bildhauer Gottfried Schadow schuf, wurde 1819, nur wenige Wochen vor dem Tode des zum Fürsten erhobenen alten Marschalls eingeweiht. Goethe hat die Sockelinschrift verfaßt und diese Aufgabe meisterhaft mit den Worten gelöst:

„In Harren und Krieg
In Sturz und Sieg
Bewußt und groß
So riß er uns
Vom Feinde los.“

Es sind dann nur noch ein paar Schritte bis zum Kröpeliner Tor, einem der vier erhaltenen von 22 Toren der alten Stadtbefestigung. In seinen sechs Obergeschossen ist das stadtgeschichtliche Museum untergebracht, das mit seinen zahlreichen Urkunden und Modellen einen guten Überblick über die Geschichte Rostocks gewährt und daher einen sinnvollen Abschluß des Stadtbesuchs bildet.

Von den Hafenanlagen am Kabutzenhof können wir dann mit einem Fahrgastschiff der Weißen Flotte nach Warnemünde fahren, heute ein Ortsteil von Rostock, zugleich ein bedeutender Badeort, und nicht nur das, sondern auch der „Geburtsort“ des Strandkorbes, der seit 1883 von hier aus seinen erstaunlich raschen Siegeszug durch die Strandbäder ganz Europas antrat. Der Korbmachermeister Bartelmann hatte das praktische Monstrum erfunden, seine Frau den ersten Verleih eingerichtet – Ehre ihrem Andenken!

Mit Warnemünde setzt sich die Kette der Badeorte entlang der Küste nach Osten fort. In den Reiseführern finden sich die lobenden Hinweise auf lange Sandstrände, auf geschützte, idyllische, behagliche Lage. Tatsächlich ist gerade dieses Küstenstück bis nach Stralsund von der Natur besonders begünstigt. Zwischen die Bodden und die offene See schiebt sich die schmale Halbinsel von Fischland, Darß und Zingst, deutlich erkennbar als eine Gruppe von ursprünglichen Inseln. Auf ihr reiht sich die Kette der Badeorte, die im Westen noch am Rande der Rostocker Heide mit Graal-Müritz beginnt und sich über Wustrow, Ahrenshoop, Prerow, Wieck, Zingst bis Pramort fortsetzt. Bis 1945 reichte das beliebte Badegebiet im Osten weiter bis Swinemünde und Mistroy am Abschluß des Oderhaffs, die heute zu Polen gehören. Die Ostsee war viel volkstümlicher und beliebter als die Nordsee. Sie, und nicht die Nordsee, war der Inbegriff sommerlichen Badelebens am Meer, auch für Durchschnittsfamilien. In vielen alten Kinder- und Jugendbüchern wird immer wieder das Familienleben in der „Sommerfrische“ der Badeorte geschil-

Warnemünde, Hafen und Kirche

dert. Einer der letzten, der das Motiv verwendet und besonders reizvoll gestaltet hat, war 1934 Erich Kästner mit seiner Erzählung „Emil und die drei Zwillinge“. Einige ältere Leser mögen sich vielleicht noch daran erinnern, daß der langersehnte Sommerurlaub vielfach tatsächlich schon am Stettiner Bahnhof in Berlin begann, von dem aus es nur noch ein Katzensprung von gut zwei Stunden Bahnfahrt bis zur Küste bzw. nach Stettin war:

„Im Wartesaal des Stettiner Bahnhofs aßen sie zu Mittag. Später setzten sie sich in den Zug, der sie an die Ostsee fahren würde. Weil sie beizeiten gekommen waren, hatten sie trotz des Ferienandranges ein Abteil für sich. Der Zug war mit Kindern, Eimern, Fähnchen, Ballen, Schaufeln, Apfelsinenschalen, zusammengeklappten Liegestühlen, Kirschentüten, Luftballons, Gelächter und Geheul bis an den Rand beladen und dampfte munter durch die Kiefernwälder der Mark Brandenburg. Es war ein kreuzfideler Zug. Der Lärm drang aus den offenen Abteilfenstern hinaus in die stille Landschaft.

Die Kiefern wiegten sich leicht im Sommerwind und flüsterten einander zu:

> ‚Die großen Ferien haben begonnen.‘
> ‚Drum‘, brummte eine uralte Buche ....

Korlsbüttel ist keiner von den großen Badeorten. Noch vor zehn Jahren hatte Korlsbüttel nicht einmal einen Bahnhof. Damals mußte man auf der Straße nach Lübeck-Stralsund in einem kleinen Nest aus dem Zug steigen, das, wenn ich nicht irre, Stubbenhagen hieß. Dort stand, wenn man besonderes Glück hatte, irgendein altmodisches Fuhrwerk, das mit einem schweren mecklenburgischen Gaul bespannt war, und zockelte die Badegäste nach Korlsbüttel hinüber. Auf zerfahrenen, sandigen Waldwegen. Links und rechts dehnte sich die Heide. Die Wacholderbüsche standen wie grüne Zwerge zwischen den hundertjährigen Eichen und Buchen.

Und manchmal fegte ein Rudel Rehe durch die Stille. Und von den Kohlenmeilern, die auf den Waldwiesen lagen, stieg blauer, beizender Rauch in die Sommerluft empor. Es war wie in Grimms Märchen.

Heute ist es anders. Heute fährt man, ohne umzusteigen, bis Korlsbüttel, stiefelt vornehm aus dem Bahnhof, gibt seinen Koffer einem Gepäckträger und ist in drei Minuten im Hotel und in zehn Minuten am Meer. Ich glaube, daß es früher schöner war. Damals war es mit Schwierigkeiten verbunden, ans Meer zu kommen. Und man soll Schwierigkeiten, die einem Ziel im Wege stehen, nicht unterschätzen. Sie haben ihr Gutes ....

Halb Korlsbüttel war am Bahnhof, um den Ferienzug zu empfangen. Der Bahnhofsvorplatz stand voller Leiterwagen, Kutschen, Dreirädern, Tafelwagen und Karren. Man erwartete viele Gäste und noch mehr Gepäck ...

Nach kurzer Zeit standen sie auf dem höchsten Punkt der Düne. Rechts lag das Strandhotel. Vor ihnen erstreckte sich zu beiden Seiten der Strand. Mit all seinen Strandkörben und Wimpeln und Sandburgen. Und dort, wo der Strand aufhörte, begann das Meer! Es nahm, wohin man auch blickte, kein Ende. Es lag da, als sei es aus flüssigem Quecksilber. Am Horizont, ganz hinten, fuhr ein Schiff in den Abend hinein. Ein paar Lichter blinkten. Und am Himmel, der von der Sonne, die längst untergegangen war, noch immer rosig widerstrahlte, hing die Mondsichel. Sie sah noch ganz blaß aus. Als ob sie krank gewesen wäre. Und über das pastellfarbene Himmelsgewölbe glitten die ersten Lichtstreifen entfernter Leuchttürme. Weit draußen heulte ein Dampfer. Die Großmutter und die beiden Kinder standen überwältigt. Sie schwiegen und hatten das Empfinden, als ob sie nie im Leben wieder würden reden können.

Da knirschten hinter ihnen Schritte. Haberlands und Gustav näherten sich behutsam.

Gustav trat neben Emil. ‚Das ist ein dolles Ding, was?‘ meinte er.

Emil nickte nur. Sie standen stumm nebeneinander und blickten unentwegt aufs Meer.

Da sagte die Großmutter leise: ‚Endlich weiß ich, wozu ich so ‚ne alte Schachtel geworden bin.‘“[10]

Das war einmal. Aber manchmal wirkt der Zauber auch heute noch; denn fast die gesamte Halbinsel ist jetzt Landschaftsschutzgebiet, an das sich mehrere Naturschutzgebiete reihen; ein wahres Paradies für den Naturfreund. Aber auch der Liebhaber alter dörflicher Schiffer- und Fischerkultur kommt stärker als anderswo auf seine Kosten. In Zingst erwartet ihn ein als Heimathaus hergerichtetes altes Schifferhaus mit seiner Einrichtung, in Born bei Wieck findet man typische rohrgedeckte Fischerhäuser, in Prerow das Darßer Heimatmuseum und eine Seemannskirche aus dem 18. Jahrhundert, und in Klockenhagen westlich von Ribnitz-Damgarten gibt es ein großes Freilichtmuseum mit Bauernhäusern, die vorwiegend aus umliegenden Dörfern hierher versetzt wurden, darunter auch ein ungemein malerisches niederdeutsches Hallenhaus und ein sogenannter „Tweipott“, ein Landarbeiterhaus aus der Umgebung von Rostock, das zweigeteilt war und in dem früher einmal rechts und links oder Rücken an Rücken zwei Familien wohnten.

An Anschauungsunterricht in niederdeutscher Heimatkunde fehlt es nicht. Eigentlich müßte man sagen, an mecklenburgischer und pommer-

Diele eines niederdeutschen Hallenhauses, Stich aus dem 19. Jh.

scher Heimatkunde; denn bei dem Aufspüren der folkloristischen Zeugnisse haben wir schon die Grenze zwischen diesen beiden Ländern überschritten. Auffälligstes Merkmal ist wohl die Doppelstadt Ribnitz-Damgarten, die erst 1950 vereinigt wurde. Davor hatte die Recknitz jahrhundertelang die Grenze gebildet, Ribnitz lag in Mecklenburg, Damgarten in Pommern. In Ribnitz hatte Herzog Heinrich II. ein Klarissinnenkloster gegründet, das nach der Reformation als adliges Damenstift weiterexistierte und unverheiratete Töchter des mecklenburgischen Adels aufnahm.

So streng wie anderswo ging es hier oben an der Grenze nicht zu. Oft bedurfte es nachbarlicher Hilfe über die Grenzpfähle hinweg. So etwa in dem kleinen pommerschen Ahrenshoop, das nicht einmal über einen eigenen Friedhof verfügte; den erhielt es erst 1872. Bis dahin mußten die Toten ins „Ausland" nach Mecklenburg gebracht werden, wo sie auf dem Friedhof des benachbarten Wustrow sozusagen „fern der Heimat" ihre letzte Ruhe fanden. Wer einmal den Blick über die nicht existierende Grenze, d. h. über die schmale Halbinsel, auf Ostsee, Saaler Bodden und weit hinein ins Land genießen möchte, sollte in Wustrow auf den Kirchturm hinaufsteigen, der wegen seiner Aussicht berühmt ist.

Ahrenshoop genießt heute den etwas versnobten Ruf einer Künstlerkolonie. Wie es dazu kam, erzählt einer der „Entdecker", der Maler Paul Müller-Kaempff:

„Im Spätsommer 1889 hielt ich mich mit meinem Kollegen, dem Tiermaler Oskar Frenzel, in Wustrow auf dem Fischlande auf, um Studien zu malen. Gelegentlich einer Wanderung am hohen Ufer lag plötzlich, als wir die letzte Anhöhe erreicht hatten, zu unseren Füßen ein Dorf: Ahrenshoop. Wir hatten von seiner Existenz keine Ahnung und blickten überrascht und entzückt auf dieses Bild des Friedens und der Einsamkeit. Kein Mensch war zu sehen, die altersgrauen Rohrdächer, die grauen Weiden und grauen Dünen gaben dem ganzen Bild einen Zug tiefsten Ernstes und vollkommener Unberührtheit. So sah Ahrenshoop damals aus. Nirgends ein öder Nützlichkeitsbau mit Pappdach, nichts, was den Gesamteindruck störte; die Dorfstraße sehr breit und sandig – man sagte: den Ahrenshooper erkennt man an seinem Gange –, kein Drahtzaun, keine Reklametafel. Hinter dem Dorf auf dem Schifferberge blickte der Kirchhof mit weißen und schwarzen Holzgittern und Kreuzen herüber, überwuchert von gold-gelb blühendem Habichtskraute. Stieg man weiter hinauf auf die sogenannte Schwedenschanze, so sah man in die Einsamkeit hinaus. Nirgends ein Haus; Dünen, Wald und See, in der Ferne die dunkle Linie des Darß. Die Dünen gekrönt von uralten Weißdornbäumen, Stechpalmen und wilden Rosen.

Das war ein Studienplatz, wie ich ihn mir immer gewünscht hatte!

Schon am nächsten Morgen zogen wir in aller Frühe mit unserem Malgerät hinaus, um abends hungrig wie die Wölfe nach Wustrow heimzuwandern. Aber eines Tages trafen wir einen Kollegen in den Dünen an seiner Staffelei: Carl Malchin, der mit seiner Familie sich dort eingemietet hatte und eigene Wirtschaft führte, denn ein Unterkommen mit Verpflegung gab es damals dort nicht. Frau Malchin, die sich unserer erbarmte und uns den Weg von und nach Wustrow mit unserem Gepäck ersparen wollte, ging von Haus zu Haus, um ein Unterkommen für uns zu suchen. Und es glückte: ein altes, kinderloses Ehepaar nahm uns in ihr Häuschen auf, aber erst mußten wir vor der Frau – Mutter Schumacher – ein Examen bestehen, ob unsere Ansprüche auch bescheiden seien und ob wir immer zufrieden sein wollten mit dem, was sie uns vorsetzte. So zogen wir denn hinaus, von den Wustrowern unter Kopfschütteln bedauert, als ob wir nach Sibirien auswandern wollten.“[11]

Die letzte kurze Station der Ausflüge durch die reizvolle Landschaft und die Badeorte ist noch einmal das Ostseebad Zingst, genauer gesagt der Friedhof des Ortes, ruht dort doch die Heimatdichterin Martha Müller-Grählert, die 1876 in dem nur wenig südlich gelegenen Barth geboren wurde. Wer kennt schon eine Martha Müller-Grählert? Zumindest ein Lied von ihr hat aber wohl schon fast jeder gehört, allerdings meistens mit anderen, falschen Anfangszeilen. Es sind die „Ostseewellen“, die 1908 erstmals ausgerechnet in München in den „Fliegenden Blättern“, einer humoristischen Hauszeitschrift, erschienen. Jahre später vertonte der Thüringer Simon Krannig die Strophen – und kluge Norddeutsche stahlen Text und Melodie und funktionierten sie als „Nordseewellen“ im „Friesenland“ zum Heimatschlager der Nordseeküste um. Jahrelang mußten Dichterin und Komponist prozessieren, um zu ihrem Recht an dem Lied zu gelangen, das in immer neuen Fassungen in halb Europa auftauchte. Hier nun, zum Abschied von der Küstenfahrt, die Originalfassung aus dem Jahre 1908:

„Wo de Ostseewellen
Trecken an den Strand,
Wo de gele Ginster
Bleugt in ‚n Dünensand,
Wo de Möven schriegen
Grell in ‚t Stormgebrus,
Da is mine Heimat,
Da bün ick to Hus.

Well- und Wogenrauschen
Wir min Weigenlied,
Un de hohen Dünen
Sehgn min Kinndertied.
Sehgn uck all min Sehnsucht
Un min heit Begehr,
In de Welt to fleigen
Oewer Land un Meer.

Wol hät mi dat Lewen
Dit Verlangen stillt,
Hätt mi allens gewen,
Wat min Herz erfüllt.
Allens is verswunnen,
Wat mi quält un drev,
Hev dat Glück nu funnen,
Doch die Sehnsucht blev.

Sehnsucht na dat lütte
Stille Inselland,
Wo de Ostseewellen
Trecken an den witten Strand,
Wo de Möven schriegen
Grell in ‚t Stormgebrus,
Denn da is mine Heimat,
Da bün ick to Hus.“[12]

Zwischen Stralsund und Greifswald

Der Greif, das Wappentier Pommerns

Die Fahrt geht duch das Land des roten Greifen – das heißt durch Pommern. Der Greif, jenes mythische Zwitterwesen aus Adler und Löwe, ist nun schon siebenhundert Jahre, vielleicht sogar noch länger, das Wappentier Pommerns. Die christianisierten Slawen hatten es als Sinnbild gewählt für die Pomorje, das „Land am Meer", das Land beiderseits der Oder, wo slawische Stämme schon nach dem Abzug der Germanen seit dem sechsten Jahrhundert siedelten. Ins Licht der Geschichte traten sie erst so richtig seit dem zwölften Jahrhundert, als der erste bekannte Herzog, Wratislaw I., die Christianisierung seines Volkes vorantrieb. Mit den Missionaren kamen auch die deutschen Siedler in das Land, deren kultureller Einfluß sich rasch verstärkte. Schon Kaiser Friedrich I. Barbarossa erkannte Bogislaw I.,den Nachfolger Wratislaws, als Herzog von Pommern und gleichzeitig als Reichsfürst an. Für Pommern war das ein wichtiger Schritt, löste er damit doch das Land aus der bisherigen polnischen Oberhoheit und gab ihm im Verband des Deutschen Reiches eine gewisse Selbständigkeit. Noch blieb diese umstritten, aber Kaiser Karl IV. bestätigte sie ausdrücklich und übertrug den Herzögen das „Reichsjägeramt". Ähnlich wie im benachbarten Mecklenburg, kam es auch hier in der Folgezeit zu Erbstreitigkeiten, um 1400 bestanden sogar fünf pommersche Teilherrschaften, aber die Greifendynastie, wie sie sich selbst nannte, und mit ihr ein gewisses Einheitsbewußtsein blieben bestehen und führten schon von der Mitte des 15. Jahrhunderts an zu neuer Einheit.

Nur die Markgrafen von Brandenburg richteten immer wieder einen begehrlichen Blick auf das benachbarte Herzogtum im Nordosten und lauerten auf eine günstige Gelegenheit, dort Fuß zu fassen. Zwar bot sich diese 1637, als das Herzogshaus in männlicher Linie ausstarb, aber da war es erst einmal zu spät: Schweden hatte im Zuge seines Eingreifens in den großen deutschen Religionskrieg Vorpommern und Rügen besetzt und bekam diesen Besitz dann im Westfälischen Frieden ausdrücklich bestätigt.

Friedrich Wilhelm, der Große Kurfürst, vermochte nur Hinterpommern für sich zu gewinnen. Brandenburg-Preußens ganzes Streben ging in den folgenden Jahrzehnten dann auch nach dem Besitz Vorpommerns. Schritt für Schritt drang es vor; zuerst erwarb es einen Streifen östlich der Oder, 1720 dann das Gebiet südlich bis zur Peene. Erst 1814 kam in einem komplizierten Ringtausch, der deutlich werden läßt, wie sich Regierungen einfach über die Bevölkerung hinwegsetzen, auch der restliche Teil an Preußen, so daß nun ganz Pommern als preußische Provinz vereinigt war.

Preußisch blieb es bis zum Ende des Zweiten Weltkrieges, dann wurde das Land erneut zerschlagen. Ganz Hinterpommern kam zusammen mit

Stettin an Polen, Vorpommern mit Rügen an Mecklenburg und damit an die sowjetische Besatzungszone. Als Mecklenburg-Vorpommern wurde das Gebiet dann 1949 ein Land der DDR, 1952 aufgelöst und in die Bezirke Rostock und Neubrandenburg geteilt und schließlich 1990 erneut als Mecklenburg-Vorpommern ein Land der Bundesrepublik Deutschland.

Von den Badeorten auf der Halbinsel Darß-Zingst ist es nur noch ein Katzensprung nach Stralsund, der alten Hansestadt am Strelasund unmittelbar vor der Insel Rügen. „Meerstadt ist Stralsund, vom Meer erzeugt, dem Meer ähnlich", schrieb einmal Ricarda Huch treffend, und deshalb empfehlen alle Reiseführer, die Silhouette der Stadt vom Meer aus zu betrachten, oder, um mit Wilhelm von Humboldt zu sprechen: „Ein schöner Anblick ist Stralsund von Rügen aus ...".

1234 gründete Fürst Witzlaw I. im Zuge der Ostsiedlung an der Stelle eines Fischer- und Fährdorfes eine Stadt. Dem alten slawischen Namen Stralow (oder Strela = Flußarm, Ort an einer Landzunge) wurde das deutsche Wort Sund hinzugefügt, das eigentlich die gleiche Bedeutung hat. Noch heute zeigt das Straßennetz der Altstadt den Planungswillen des Gründers. Die neue Siedlung blühte rasch auf, hatte um 1300 schon ihren heutigen Umfang erreicht. Von Anfang an setzten die Bürger auf den Seehandel und wußten sich gegenüber der Konkurrenz Lübecks durchzusetzen. Leicht hatten sie es dabei nicht; denn immer wieder gab es Nachbarn, die dem tüchtigen Neuling oder wirtschaftlichen Emporkömmling, wie immer man es auch nennen will, feindlich begegneten, vor allem Dänemark und Schweden, aber sogar auch die Herzöge von Pommern, die ja eigentlich die Landesherren waren.

Die Stralsunder suchten ihrerseits Bundesgenossen, fanden sie schon 1278 in einer Einigung mit Lübeck, Wismar, Rostock und Greifswald. Die geographische Linie zeichnet die geopolitische Ausstrahlung vor. Aus dem lockeren Bündnis entwickelte sich der machtvolle Städtebund der Hanse, in dem Stralsund zwar nicht die bedeutendste, wohl aber eine führende Rolle spielte. Zeitweilig segelten an die dreihundert Schiffe unter Stralsunder Flagge. Sie exportierten landwirtschaftliche Produkte, trieben Zwischenhandel, importierten Pelze aus Rußland, Tuche aus Flandern und England. Kein Wunder, daß mit dem Ansehen auch der Reichtum wuchs und Stralsund die näheren Nachbarn Wismar und Rostock überflügelte.

Den Höhepunkt ihres Ansehens in der Hansezeit erlebte die Stadt 1370 nach dem Kampf gegen König Waldemar Atterdag von Dänemark. Dieser hatte schon 1360 Schonen besetzt und sich geweigert, den Hansestädten die sogenannten Schonenprivilegien zu bestätigen, d. h. die freie und alleinige Ausfuhr von Fischen. Immerhin lag vor dieser Halbinsel Schonen, also der Südspitze Schwedens, das mittelalterliche Hauptfanggebiet des Herings, und damit waren die Stützpunkte dort für die Hansestädte geradezu lebensnotwendig. Anfangs schien sich das Problem noch auf dem Verhandlungswege lösen zu lassen. Doch dann überfiel der vierzigjährige, energische Dänenkönig die Stadt Wisby auf Gotland, den Hauptumschlagplatz für den Handel in der östlichen Ostsee, eine wirtschaftlich wie strategisch gleichermaßen bedeutende, ungemein reiche Stadt, die an Größe und Einwohnerzahl mit Lübeck konkurrieren konnte und Stral-

Stralsund, Stich (um 1650) von M. Merian in der „Topographia Germaniae“

sund sogar übertraf. Die Hansestädte waren nicht gewillt, die dadurch entstandene Machtverschiebung zu ihren Ungunsten tatenlos hinzunehmen. Schon wenige Tage nach dem Überfall Waldemars erließen sie in Greifswald ein allgemeines Verkehrsverbot und Handelsembargo gegen Dänemark, aber erst im Frühjahr 1362 entstand dann ein Kriegsbündnis, dem sich auch die Könige von Schweden und Norwegen anschlossen. Die Städte und die Könige sollten je zweitausend Bewaffnete und die nötigen Schiffe stellen, die Geldmittel für die Kriegführung wurden durch eine Art Umsatzsteuer, die erste ihrer Art, aufgebracht.

Waldemar sah sich weitgehend isoliert, nur der Herzog von Sachsen-Lauenburg trat als Freund und dänischer Lehensherr an seine Seite. Er stellte ein Söldnerheer auf, in dem vor allem zahlreiche süddeutsche Adlige und Kriegsknechte kämpften. Ende April 1362 versammelte sich die Bundesflotte der Hanse mit 48 Schiffen und 2240 Bewaffneten vor der steilen Nordspitze von Hiddensee, also in unmittelbarer Nachbarschaft von Stralsund. Den Oberbefehl führte der Lübecker Bürgermeister Johann Wittenborg. Aus der Stärke der einzelnen von den Städten gestellten Kontingenten läßt sich leicht deren Größe und Bedeutung ablesen. So kamen aus Lübeck 600 Bewaffnete, aus Rostock und Stralsund je 400, aus Wismar, Greifswald und Stettin je 200, aus Kolberg 100; die preußischen Städte begnügten sich mit finanzieller Unterstützung.

Der Versuch, die dänische Festung Helsingborg gemeinsam mit den Verbündeten Norwegen und Schweden zu erobern, scheiterte nach zwölf Wochen kläglich. Ein kühner Überfall Waldemars zwang die Angreifer zu einem Waffenstillstand, der etwa die alten Verhältnisse vor Kriegsbeginn wiederherstellte. In der Folgezeit brach zwar das Bündnis mit den nordischen Königreichen auseinander, aber die Hansestädte ließen nicht locker. Ein Friede, der 1364 geschlossen wurde, hielt nur drei Jahre und war gekennzeichnet von wiederholten Übergriffen Waldemars, bis sich 1367 der gleiche Vorgang wie fünf Jahre zuvor wiederholte, die Hanse ihre Handelssperre erneut aufnahm, den Dänen schließlich so in die Enge trieb, daß ihm als letzter Stützpunkt nur Helsingborg verblieb. Die Übergabe erfolgte 1369; zu den Friedensverhandlungen, die im Frühjahr 1370 stattfanden, sah Stralsund die Vertreter aller Hansestädte in seinen Mauern, Verhandlungsort war das Rathaus der Stadt. Der dort am 24. Mai geschlossene „Friede von Stralsund" machte die Hanse zur Herrin über den gesamten Ostseeraum und bedeutete zugleich den Höhepunkt ihrer Macht überhaupt.

Etwa ein Jahrhundert lang konnte der Städtebund diese Stellung halten; der einsetzende Niedergang wirkte sich dann auch auf Stralsund aus. Innere Wirren zwischen Rat und Bürgern belasteten darüber hinaus die Stadt. Als sie 1525 protestantisch wurde, gelang es den Handwerkern, ihre Position gegenüber dem Rat zu festigen. Immer stärker suchten auch die Herzöge von Pommern, als Landesherren ihre Macht über das bis dahin weitgehend unabhängige Stralsund zu festigen.

Eine besonders bedrohliche Situation ergab sich dann 1628 für die Stadt, als sie während der zweiten Phase des Dreißigjährigen Krieges vom kaiserlichen Generalissimus Wallenstein belagert wurde, der ein Jahr zuvor Norddeutschland für Kaiser Ferdinand II. unterworfen hatte und höchst bombastisch, aber praktisch wirkungslos zum „General des Baltischen und Ozeanischen Meeres" ernannt worden war. Die Stadt nutzte, unterstützt von Dänemark und Schweden, ihre strategisch günstige Lage und trotzte den kaiserlichen Eroberungsplänen. Wallenstein übernahm persönlich am 6. Juli 1628 die Belagerung. Friedrich Schiller hat in seiner „Geschichte des Dreißigjährigen Krieges" die Situation beschrieben:

„Nichts scheint abenteuerlicher zu sein, als einen Seeplatz, der aufs vortrefflichste befestigt war, erobern zu wollen, ohne seinen Hafen einzuschließen. Wallenstein, der noch nie einen Widerstand erfahren, wollte nun auch die Natur überwinden und das Unmögliche besiegen. Stralsund, von der Seeseite frei, fuhr ungehindert fort, sich mit Lebensmitteln zu versehen und mit neuen Truppen zu verstärken; nichtsdestoweniger umzingelte Wallenstein zu Lande und suchte, durch prahlerische Drohungen den Mangel gründlicherer Mittel zu ersetzen. ‚Ich will', sagte er, ‚diese Stadt wegnehmen und wäre sie mit Ketten an den Himmel gebunden.' Der Kaiser selbst, welcher eine Unternehmung bereuen mochte, wovon er sich keinen rühmlichen Ausgang versprach, ergriff mit Begierde die scheinbare Unterwürfigkeit und einige annehmliche Erbietungen der Stralsunder, seinem General den Abzug von der Stadt zu befehlen. Wallenstein verachtete diesen Befehl und fuhr fort, den Belagerten durch unablässige Störungen zuzusetzen. Da die dänische Besatzung schon stark geschmolzen, der Überrest der rastlosen Arbeit nicht gewachsen war und der König sich außerstande befand, eine größere Anzahl von Truppen an diese Stadt zu wagen, so warf sich Stralsund, mit Christians Genehmigung, dem König von Schweden in die Arme. Der dänische Kommandant verließ die Festung, um einem schwedischen Platz zu machen, der sie mit dem glücklichsten Erfolg verteidigte. Wallensteins Glück scheiterte vor dieser Stadt, und zum ersten Mal erlebte sein Stolz die empfindliche Kränkung, nach mehreren verlorenen Monaten, nach dem Verlust von 12.000 Toten seinem Vorhaben zu entsagen."[1]

Die allgemeine Stimmung in weiten Teilen Deutschlands und die Hochachtung, die Stralsund nun im protestantischen Lager genoß, spiegelt sich wohl am besten in einem Epigramm des 1609 geborenen Dichters Paul Fleming:

Wallenstein, Gemälde von Anthonis van Dyck

„Und dennoch stehst Du noch, ob Mars, der Wüterich,
Noch zweimal mehr so arg gesetzet hätt' an Dich,
Du unbezwungner Sund! Was wollt' er doch erlangen,
Wenn Du in Ketten erst am Himmel wärst gehangen?
Dies schändet ihn vielmehr, daß Deine Niedrigkeit
Den wilden Zorn zerbricht, und Dich von ihm befreit.
Wen nicht erschrecken soll das blutige Vermessen,
Der lerne Furcht und Trutz ein wenig hier vergessen."[2]

Das Bündnis Stralsunds mit Schweden erleichterte König Gustav II. Adolf das Eingreifen in den Krieg und seine Landung an der Ostsee, zugleich aber begründet es auch die Abhängigkeit der Stadt von Schweden, die nun bis 1815 dauerte. Auch in dieser Zeit wurde es noch mehrfach in kriegerische Auseinandersetzungen hineingezogen. In ganz Deutschland bekannt wurden 1809 die Kämpfe jener Freiwilligentruppe des preußischen Majors Ferdinand von Schill, der einen privaten Krieg gegen napoleonische Truppen führte. Er fiel in Stralsund bei Straßenkämpfen gegen eine Übermacht dänischer Truppen, an die fünfhundert Gefangene seines Corps wurden auf die Galeeren geschickt, elf Offiziere in Wesel erschossen. Er selbst fand seine letzte Ruhestätte in Stralsund, sein Haupt brachte man in das Anatomische Institut nach Leiden in Holland, erst 1837 wurde es in Braunschweig beigesetzt.

Ab 1815 kam Stralsund mit Vorpommern zu Preußen. Der wirtschaftliche Aufstieg hielt sich in Grenzen, es blieb eine geruhsame Garnisons- und Beamtenstadt. Ein gewisser Wandel setzte erst ab 1936 ein, als durch die Eröffnung des Rügendammes eine wichtige Eisenbahnverbindung zwischen der Stadt und der Insel hergestellt wurde. Wie seine Nachbarstädte erlitt auch Stralsund im Zweiten Weltkrieg durch alliierte Luftangriffe schwere Schäden.

Heute ist es eine Industriestadt und ein wichtiger Ostseehafen, zugleich ein Sprungbrett nach Skandinavien, das durch die Wiedervereinigung der beiden deutschen Staaten zunehmend an wirtschaftlicher und verkehrsgeographischer Bedeutung gewinnt.

Noch gibt es genug kulturhistorische Denkmäler, die an die große Vergangenheit erinnern. An sie denkt man unwillkürlich, wenn man auf dem Alten Markt vor dem Rathaus steht, mit dem die Bürger ihre Macht beweisen und mit Lübeck konkurrieren wollten. Die Wappen der bedeutendsten deutschen Handelsstädte über den großen Fenstern erinnern an die Seehandelsbeziehungen der Stadt. Gleich hinter diesem Meisterwerk der Backsteingotik liegt die Nikolaikirche mit ihren unterschiedlichen Türmen. Sie war die Ratskirche; denn hier wohnten die Ratsmitglieder nicht nur der Messe bei, sondern hielten auch verschiedentlich ihre Sitzungen ab. Dementsprechend aufwendig war sie ausgestattet. Die Stralsunder Ratsherren kauften viele Kunstschätze in Flandern und importierten sie. Bis zum 16. Jahrhundert besaß die Kirche mehr als fünfzig Altäre, darunter neben dem Hauptaltar den berühmten Altar der Bergenfahrer. Und wer ein Stück hansischen Lebens und Wirkens kennenlernen will, sollte die Reste des Nowgorodfahrer-Gestühls einmal näher betrachten, das für die angesehenen Stralsunder Fernkaufleute reserviert gewesen war. Auf den Flachreliefs der Holzschnitzereien sieht man Szenen

Relief aus dem Gestühl der Nowgorodfahrer in der Nikolaikirche, Stralsund

früher Handelsreisen nach Rußland. Es berührt eigenartig, wie in wenigen kleinen Episoden das Alltagsleben des Mittelalters so unmittelbar anzusprechen vermag.

Zu den mittelalterlichen Pfarrkirchen gehört als größte die Marienkirche, mit der die Handwerker, vor allem die Tuchmacher, die vornehme Ratskirche noch zu übertrumpfen gesucht hatten. Von ihrem 104 Meter hohen Hauptturm bietet sich ein herrlicher Rundblick weit über Stadt und Meer bis hinüber nach Rügen. Die dritte im Bunde, die große Backsteinkirche St. Jacobi, liegt in der Nähe der Stadtmauer; so war sie schon während der Belagerung durch Wallenstein Ziel der feindlichen Geschütze. Noch schwerer beschädigt aber wurde sie durch einen Bombenangriff 1944. Bis heute wartet sie immer noch auf die Restaurierung.

Nahe der Stadtmauer liegen auch zwei ehemalige Klostergebäude, im Norden das Johannis- und im Westen das Katharinenkloster. Schon diese Lage erinnert daran, daß die rasch aufblühende Stadt im 13. Jahrhundert die Bettelmönche anlockte. In dem einen Kloster waren es die Franziskaner, im anderen die Dominikaner. Wir begegnen beiden Orden hier oben im Norden sonst nur selten, denn das harte Kolonisationswerk und die damit verbundenen frühen Klostergründungen wie etwa Doberan oder Eldena lagen in den Händen der Zisterzienser. Nach der Reformation verschwanden auch die Mönche aus der Stadt, das Johanniskloster wurde in ein Armenhaus umgewandelt und umgebaut. Trotz wechselvoller Schicksale besser erhalten blieb das Katharinenkloster, in dem man auch heute noch genau die alte Anlage mit Kirche, Kreuzgang, Kapitelsaal, Schulsaal und Bibliothek erkennen kann. Schon 1858 wurde es in ein Museum umgewandelt; heute birgt es sogar gleich zwei Museen, in der ehemaligen Kirche das Meeres- und im Kapitelsaal und Refektorium das Kulturhistorische Museum.

Zu dessen Prunkstücken gehört der kostbare Hiddenseer Goldschatz, der den Betrachter schon einstimmt auf die nahe gelegene Insel. Er führt zugleich zurück in die frühe Geschichte des nordischen Raumes: ein Halsring, eine Buckelscheibenfibel und 14 Anhänger einer Kette gehören zu den Meisterwerken der Goldschmiedekunst. Solchen Schmuck vermochte nur eine sehr reiche und vornehme Dame zu tragen, eine Fürstin vielleicht oder eine Prinzessin aus dem dänischen Königshaus. Niemand

Stralsund, Alter Markt mit Nikolaikirche und Rathaus vor dem Zweiten Weltkrieg

weiß es. Eine Sturmflut spülte 1872 den Schatz an den Strand von Hiddensee oder legte ihn dort frei, wo ihn vielleicht vor fast einem Jahrtausend räuberische Wikinger oder slawische Seeräuber vergraben hatten.

Bevor wir Stralsund verlassen, sollten wir uns vielleicht einmal an einen heute Vergessenen erinnern. Er wurde zwar 1829 in Magdeburg geboren, hat Stralsund aber, wo er seine Jugend verbrachte, stets als seine Heimat angesehen. Es ist Friedrich Spielhagen, der zu den bekanntesten und gefeiertsten Erzählern des 19. Jahrhunderts gehörte, und an den sich heute bestenfalls ein paar Fachleute erinnern. Dabei sind einige seiner Werke immer noch lesenswert. Viele spielen in der ihm von Jugend an vertrauten Küstenlandschaft Vorpommerns. In seiner Autobiographie „Finder und Erfinder“ zeichnet er ein durchaus kritisches Bild des Landlebens um die Mitte des vorigen Jahrhunderts:

„In einiger Entfernung vom Hofe liegen die ‚Katen‘, d. h. die Wohnungen der zu dem Gut gehörenden und auf dem Gut beschäftigten Arbeiter – ein Dörfchen, verschieden an der Zahl der Häuschen, je nach der Zahl der Köpfe, denen sie Obdach gewähren sollen. Noch mehr verschieden – denn der Unterschied in der Kopfzahl ist meistens nicht groß – in ihrem Aussehen und Zustande. Bei guten Herrschaften, die etwas auf sich und ihre Leute halten, sind die Häuschen bei aller Bescheidenheit sauber geweißt, mit ordentlichen Türen, Fenstern und mit Schornsteinen auf dem Strohdach. Die beiden Gärtchen rechts und links von der Haustür – es wohnen fast immer zwei Familien unter demselben Dach – sind anständig gehalten; auch an ein paar Sonnenblumen oder gar Nelken und Levkojenstauden fehlt es nicht. Die Ställchen hinter oder neben dem Häuschen sind in gutem Stande, die Düngerhaufen regelrecht geschichtet, die Wege durch das Dörfchen, außer bei ganz schlechtem Wetter, selbst für Damenfüße passierbar. Aber bei Herrschaften, die nicht gut, die geizig oder faul oder zu dumm sind, um einzusehen, daß, von der Menschlichkeit zu schweigen, das Wohlbefinden der Leute ihr eigener

Vorteil ist und umgekehrt – da sah es böse aus in dem Dorfe, manchmal so bös, wollt' ich es beschreiben, ich würde dem Verdacht böswilliger Übertreibung schwerlich entgehen. Nur so viel darf ich sagen, daß der Torfrauch, der sich in Ermangelung eines Schornsteins durch die in der oberen Hälfte stets geöffnete Tür und die mit Papier und Lumpen verstopften Fenster einen Ausgang verschaffen mußte, in diesen Höhlen menschlichen Elends noch lange nicht das Schlimmste war.

Denn mit dem materiellen Elend Hand in Hand ging die moralische Verderbnis, die außerdem in dem eigentümlichen Verhältnis, in welchem Gutsherrschaft und Katenleute zueinander standen, reichliche Nahrung fand. Es war, wenn auch zurecht nicht mehr bestehend, in Wirklichkeit das Mittelalterlich-Feudale der Herren zu ihren Hörigen und umgekehrt. Die Grenze, wo die Rechte jener und die Pflichten dieser aufhörten und anfingen, war weniger durch das Gesetz als durch Herkommen und Brauch geregelt. Daß es in diesem Wirrwarr zwischen den beiden Parteien zu beständigen Streitigkeiten und Häkeleien kommen mußte, erscheint ebenso selbstverständlich, wie, daß die endgültige Entscheidung zugunsten des Stärkeren ausfiel. Unterlag doch die übrigens garantierte Freizügigkeit noch besonders erschwerenden Einschränkungen und verbot sich eigentlich ganz von selbst für Leute, denen ihre dem Hof geleisteten Dienste nicht mit barem Geld vergütet wurden, sondern durch die Wohnung, die sie im Katen hatten, das Schwein, das man ihnen lieferte, die Gänse, die sie im Herbst auf die Stoppelfelder treiben durften und ähnliches, wodurch sie gerade so an die Scholle gefesselt waren, wie es bereits ihre Väter gewesen und ihre Kinder wiederum sein würden."[3]

Wir nehmen nun die Bahn hinüber zur Insel Rügen. Auf der Fahrt über den Rügendamm bleiben gerade einige Minuten zum Rekapitulieren: Drei Kilometer breit ist der Meeresarm, der das Festland von Rügen trennt, Deutschlands größter Insel, mit 926 Quadratkilometer Fläche und 87.000 Bewohnern. Der landschaftliche Formenreichtum mit der ungemein stark gegliederten Küstenlinie, die immerhin 570 Kilometer lang ist, mit Steilufern, Nehrungen, Boddenzone, mit prächtigen Wäldern und Heidelandschaften, hat schon lange die Touristen angelockt. Was sich früher aber immer noch in Grenzen hielt, droht hier in den letzten Jahrzehnten, wie in allen schönen Urlaubsgebieten, auszuufern. In den letzten Jahren der DDR waren es schon fast eine Million Urlauber jährlich, alle staatlich gelenkt in Ferienheimen, Pensionen und auf Campingplätzen. Auch hier greift, zögernd zwar, aber doch deutlich spürbar, eine neue Ordnung und Umstrukturierung.

Die Geschichte der Insel begann schon vor rund elftausend Jahren in der Altsteinzeit, als dort die erste Besiedlung einsetzte. Aus der Jungsteinzeit um 3500 v. Chr. stammen die 54 erhaltenen Megalithgräber. Nach der Völkerwanderungszeit, als seit dem fünften nachchristlichen Jahrhundert germanische Stämme das heutige Vorpommern und Rügen verlassen hatten, siedelten auf Rügen die slawischen Ranen. Ihre Christianisierung erfolgte im Gegensatz zum pommerschen Festland nicht im Zuge der Ostsiedlung, sondern im Laufe des zwölften Jahrhunderts von Dänemark aus. Am dänischen Einfluß änderte sich auch in der Folgezeit wenig. Als Rügen 1325 zum Herzogtum Pommern kam, blieb es kirchlich trotzdem bis zur Reformationszeit dem dänischen Bistum Roskilde unterstellt.

Nach dem Dreißigjährigen Krieg gelangte die Insel gleichzeitig mit Pommern an Schweden. Es war keine gute Zeit, da adlige Großgrundbesitzer die Bauern zunehmend in Abhängigkeit drängten, und an der Sozial- und Wirtschaftsstruktur änderte sich auch nichts, als die Insel 1815 an Preußen fiel. Die von Spielhagen beschriebenen mißlichen pommerschen Verhältnisse lassen sich ohne weiteres auch auf Rügen übertragen.

Wenn wir von Altefähre, der ersten Station auf der Insel, diese im Uhrzeigersinn, also an der Westküste entlang nach Norden umfahren, wird der Rundweg zunächst durch zwei Abstecher unterbrochen. Der erste führt über eine Brücke auf die Insel Ummanz, wo man in der frisch restaurierten Dorfkirche von Waase einen wunderbaren Flügelaltar aus einer Antwerpener Werkstatt des frühen 16. Jahrhunderts bewundern kann. Es ist eines jener Kunstwerke, das die vornehmen Stralsunder Kaufleute aus Flandern für die Nikolaikirche bezogen. Irgendwie scheint der Altar nicht mehr ihrem verwöhnten Geschmack entsprochen zu haben; sie traten ihn an die Kirche des ihnen gehörenden Dorfes ab, und so konnten die Fischer die Szenen aus dem Leben des ihnen doch so fernen und fremden Heiligen Thomas Beckett von Canterbury bewundern, dessen Märtyrerschicksal dem Antwerpener Meister sicher vertrauter war als ihnen.

Der zweite Abstecher führt dann von Schaprode aus hinüber zur Insel Hiddensee, die als schmaler Streifen von 16,5 Kilometern Länge und einer maximalen Breite von 3,75 Kilometern Rügen im Westen vorgelagert ist. Die Bewohner – es sind nur etwa 1300 – nennen die Insel stolz „dat söte Länneken“, also „das süße Ländchen“, aber so süß ist es gar nicht; denn dem Wirken von Wind, Wetter und Meer ungeschützt ausgesetzt, wird es von diesen doch ganz schön zerzaust. Einen Vorteil aber hat das Ländchen doch – es gehört zum Naturschutzpark Vorpommersche

Der Flügelaltar von Waase

Gerhard Hauptmann mit seinen drei Söhnen aus erster Ehe auf Hiddensee 1906

Boddenlandschaft und konnte mit Erfolg wenigstens den Stürmen des Massentourismus trotzen. Hier macht es seit jeher nicht die Quantität, sondern die Qualität der Feriengäste. Und da kann Hiddensee ja wirklich auf eine geradezu illustre Reihe von Gästen zurückblicken, die etwa seit hundert Jahren das Inselchen als Urlaubsdomizil wählten. Albert Einstein und Sigmund Freud gehören ebenso dazu wie Gustav Gründgens oder Joachim Ringelnatz; die „Puppenmutter" Käthe Kruse besaß hier ein schönes Haus. Als der wohl berühmteste Gast gilt zurecht der Dichter Gerhard Hauptmann, der von 1885 an insgesamt zwanzigmal die Insel besuchte, die ihm Erholung und vor allem auch weitgehend abgeschirmt und in behaglicher Atmosphäre die nötige Ruhe für sein dichterisches Schaffen bot. In dem Dorf Kloster, dessen Name an ein 1296 gegründetes Zisterzienserkloster erinnert, von dem aber heute keine Spuren mehr vorhanden sind, erwarb Hauptmann 1930 ein Haus, das heute noch ein sehr intimes Bild seines Lebens vermittelt. Auf dem Friedhof von Kloster fand der große alte Mann seine letzte Ruhe. Er war 1946 im Alter von 84 Jahren in seiner Villa in Agnetendorf in Niederschlesien gestorben. Die russische Besatzungsmacht hatte die sterblichen Überreste nach Hiddensee überführen lassen, wo sie am 28. Juli vor Sonnenaufgang beigesetzt wurden. Nachträglich darf man wohl sagen, daß es eine sinnvolle Entscheidung war. Während in Agnetendorf im Hause Hauptmann ein Kinderheim untergebracht ist und offiziell kaum des Dichters gedacht wird, pflegt man hier die Erinnerung an ihn.

Immer noch lohnt ein Ausflug über die Insel, auf der manche alte Fischerhäuser in ihrem ursprünglichen Aussehen bewahrt blieben. Von den Inselbewohnern zu Beginn des 19. Jahrhunderts berichtet ebenso amüsant wie aufschlußreich Johann Jacob Grümbke, ein junger Gelehrter aus Bergen auf Rügen, in einem Brief an einen Freund:

„Fast alle Einwohner sind groß, etwas gelb von Angesicht, blauäugig, blondhaarig, schlank von Wuchs, aber träge in ihrem Gang und in ihren Verrichtungen, und man will sie der Faulheit und des Eigennutzes beschuldigen. Die Kleidung der Männer besteht in einer Matrosenjacke, gewöhnlich von eigen gemachtem, gestreiftem Zeug, welches Warp und Ziegöth genannt und auch überall auf Rügen vom geringen Mann getragen wird, und weiten, leinenen Schifferhosen. Im Sommer gehen sie meistens barfuß oder tragen plumpe Pantoffeln mit hölzernen Sohlen. Da der Ackerbau ihnen wenig einträgt, treiben sie den Fischfang als ihr vorzügliches Gewerbe, und auch diese mühselige Beschäftigung bringt ihnen selten Reichtum. Einige hat indes die Schiffahrt wohlhabend gemacht. Die meisten aber derer, die zur See gehen (für die Erlaubnis dazu müssen die untertänigen Burschen jährlich vier Reichstaler bezahlen), bleiben nur ein Jahr aus und leben den Winter über in den Dörfern lustig, bis der im Sommer erworbene Lohn vertan ist, worauf sie sich aufs neue als Matrosen vermieten, doch sollen sie von ihren Schiffskameraden wegen ihrer Sprache und manchen Eigenheiten sehr verspottet werden. Ihre Sprache hat auch wirklich etwas Widerliches, sie ist ein gedehntes singendes, ich möchte sagen, beinahe weinerliches Plattdeutsch, mit vielen Schiffer- und Fischerausdrücken vermischt, das aus dem Mund der Männer noch schleppender klingt als der Weiber, die überhaupt redseliger zu sein scheinen.

Ein auffallendes, wenngleich bekanntes Phänomen ist es, daß alle Insulaner eine besondere Anhänglichkeit an ihr Heimatland haben. Bei den Hiddenseern zeigt sich aber diese Vorliebe für ihr süßes Ländchen in einem so hohen Grad, daß sie es nirgendwo aushalten können, sondern immer wieder nach ihrer, wie sie wähnen, von Gott hoch begnadigten Insel zurückkehren, und man hat Beispiele, daß alte Seeleute nach vielen Jahren sich wieder einfanden, um in die väterliche, räucherige Torfhütte einzukriechen."[4]

Über die Halbinsel Wittow geht es dann hinauf bis zur Nordspitze Rügens, dem Kap Arkona. Dort oben hatten die slawischen Ranen ihren Hauptsitz, die Jaromarsburg, errichtet. In ihr stand ein Tempel des Gottes Swantewit. Sein Bildnis zeigte vier Köpfe, in der Hand hielt er ein mit Wein gefülltes Horn. Je nach dem Schwund der Flüssigkeit sagten die Priester den Ausgang der Ernte voraus. Als die Dänen 1168 die Jaromarsburg erobert hatten, zerstörten sie auch den Tempel und das Standbild des Gottes. Heute finden sich zwar noch ein paar Reste des Burgwalls, die letzten Spuren des Tempels aber sind längst im Meer verschwunden. Über ein markantes Wahrzeichen verfügt das Kap aber dennoch. Es sind die zwei Leuchttürme, von denen der alte, viereckige, schon 1826/27 nach Plänen des berühmten klassizistischen Architekten Karl Friedrich Schinkel als erster überhaupt an der Küste Mecklenburg-Pommerns erbaut wurde. 75 Jahre lang sandte er sein Leuchtfeuer über das Meer, bis er 1902 von dem daneben stehenden, 15 Meter höheren, runden Turm abgelöst wurde.

Der alte Leuchtturm von Kap Arkona, Entwurf von August Günther nach Schinkel

Ein gutes Bild der Verhältnisse am Kap Arkona im Jahre 1818, zu einer Zeit also, da die beiden Leuchttürme noch nicht standen, gibt der Schriftsteller und Maler Carl Gustav Carus:

„Auf dem Wege zu dem letzten Glanzpunkte von Rügen, Arkona, hatten wir am nächsten Tage eine sonderbare flache, schmale Landzunge zu überwandern, welche zwei große Inselteile, Jasmund mit Wittow, verbindet. Auf einer Seite hat man die weite offene Ostsee, deren Wellen, wenn sie hoch gehen, auch die ganze flache Strecke überspülen, von der anderen Seite dehnt sich ein breites Binnengewässer weit in die Insel hinein. Es ist ein sonderbarer Anblick, der schmale von den Wellen festgeschlagene, feine weiße Sandboden, nur mit wenigem Weidengesträuch und Büschen des grauen Dünengrases überwachsen, auch hoch vom angeschwemmten Seetang überstreut! Bei stürmischem Wetter, wenn die Wogen hoch heranrollen und den Weg überspülen, mitunter kaum zu passieren. Etwas reizte mich jedoch auch hier besonders, was ebenfalls in die alte Geschichte hinaufdeutet, nämlich dieser Strand war ein berühmter Fundort des Bernsteins. Wir suchten denn auch eifrig zwischen dem ausgespülten Seetang und wirklich, einige Fragmente des vorweltlichen verhärteten Baumharzes belohnten die Mühe des Suchers. Von diesen weit entfernten nordischen Küsten also hatten Römer und Griechen schon diesen feinen, goldgelben und braunen Schmuck sich geholt! Ich habe diese kleinen kostbaren Fragmente lange aufbewahrt.

Arkona selbst war damals ein ganz öder, wüster Punkt; wir übernachteten in dem ihm zunächst liegenden Dorfe Putgarten in einer Scheune, standen dann früh auf und gingen hinaus zu jener äußersten Spitze deutschen Landes, wo drei Vierteile des Horizonts durch die freie, weite Ostsee gegeben sind und in nebellichter Ferne im Westen die Kreidewände der dänischen Insel Mön gesehen werden. Arkona ist ein rechter Gegensatz zu Stubbenkammer, ebenso breit und weit und öde, als dieses hoch, bewaldet und in den Formen unterbrochen ist. Diese lange Linie seltsam verbrochener Kreidewände, zum Teil mit unzähligen Schwalbennestern bedeckt, der breite hallende Strand mit seinem unendlichen Feuersteingeröll und die weite stahlgraue Fläche der See; es machte mir alles den eigentümlichen Eindruck echter und ungestörter Urnatur."[5]

Wer den Blick über Meer und Steilküste genossen hat, die jetzt wieder ungehindert zugänglich ist, nachdem die militärischen Absperrungen verschwunden sind, wird die Rückfahrt nach Süden unbedingt in Altenkirchen unterbrechen, um die Dorfkirche zu besuchen, die unter Kennern als eine der schönsten Backsteinkirchen Norddeutschlands gilt. Wie ein Gruß aus einer fernen Welt mutet dabei der steinerne Grabstein aus dem zwölften Jahrhundert an, der in die Wand der Vorhalle eingemauert ist. Nur zu leicht übersieht man über dem romantischen Gesamteindruck der Kirche ein Grab in ihrem Schatten. Hier ruht ein Mann, der zu den Freunden Goethes, Herders und Schillers zählte, ein zu seiner Zeit viel gelesener Schriftsteller und Gelehrter, der Herr Professor Ludwig Gotthard Kosegarten. Von 1792 bis 1808 war er Probst in Altenkirchen gewesen. In seinem Pfarrhaus hatte er manchen berühmten Zeitgenossen, wie etwa Wilhelm von Humboldt oder Friedrich Schleiermacher als Gast gesehen, und im nahen Vitt, das zu seinem Pfarrsprengel gehörte, hielt er in den Sommermonaten seine vielbeachteten Uferpredigten:

„Der erste Vorzug unserer Heimat ist nach meinem Gefühl deren Abgeschiedenheit und Stille. Eben dies, was so manchen verwöhnten Gaumen ein Mangel und eine Beraubung dünken mag; eben dies, daß wir vom Geräusche der Welt getrennt, daß wir von den größeren menschlichen Vergesellschaftungen durch Ströme und Gewässer abgesondert wur-

Dorfkirche in Altenkirchen

den, daß wir im stillsten Schoße der Natur uns selbst und unseren Pflichten und unserer Bestimmung ohne Zwang und Störung leben können, eben dies deucht mir eine der schätzbarsten Vorzüge und eine der dankenswertesten Annehmlichkeiten unserer Lage. Ferne von jenen getümmelvollen Zirkeln, welche innerhalb des engen Ringes von Mauern und Wellen einander drängen und jagen, sind wir auch fern von dem Strudel der Torheiten, der dort über lang oder kurz auch den festeren Menschen dahinreißt, fern von den Rasereien des Luxus, welcher dort den Wohlstand so mancher friedlichen Familie untergräbt, fern von jener alles auf sich selbst beziehenden Eigensucht, zu welcher das Aneinanderreihen so mancher einander durchkreuzenden Interessen fast ausweichlich nötigt... Ein Vorzug unserer Heimat ist die Nähe des Meeres! – Gewiß eine sehr wohltätige Nachbarschaft. Wohltätig für unsere Gesundheit. Denn dieses wandelbare Element ist, wie ihr sehet, keinen Augenblick in Ruhe. Unablässig wallt und wogt und strudelt es, nötigt vermöge seines mächtigen Zuges das tausendmal feinere und dünnere Element der Luft seinen

Strömungen zu folgen und befördert auf diese Weise deren Frische und Federkraft zu höchstem Vorteil für jedes tierische Leben. Wohltätig ist die Nähe des Meeres für unseren Unterhalt. Würde auch jene stille Uferschlucht wohl bewohnt sein ohne die Nähe des Meeres? Würde nicht so manche zahlreiche Familie unseres Landes des Unterhalts ermangeln, wenn sie ihn nicht aus der Tiefe der See gewönne? Versorget diese unerschöpfliche Vorratskammer unsere Tische nicht mit so mancher schmackhaften und gesunden Speise, mit dem Lachs, dem Dorsch, dem Aal, der Scholle und dem, dem Anschein nach so geringen, in der Reihe der Dinge aber so äußerst wichtigen Zwischengliede, dem reisenden, Nationen ernährenden Hering? Wohltätig ist die Nähe des Meeres für unseren Verkehr und unser Gewerbe. Unendlich wird vermittels seiner Sendung unseres Überflusses uns die Herbeiführung unserer Bedürfnisse erleichtert. Es regt sich ein günstiges Lüftchen. Die eilig ausgespannten Segel schwellen. Leicht und behende gleiten unsere flüchtigen Kiele auf dem glatten Element dahin und landen binnen wenigen Stunden in den gewünschten Hafen. – Liebe Nachbarn, laßt uns die Gaben Gottes nicht übersehen, weil sie so gemein und alltäglich sind. Nie müsse der erschütternde Anblick des weiten Meeres uns begegnen, ohne daß wir einen dankbaren Blick zu dem hinaufsenden, der das Meer ausgoß, wie man einen Becher ausgießt, und der den Sand, den Talg, die Kreide, demselben zum festen Ufer setzte."[6]

Von Wittow geht es über die schmale Nehrung der Schaabe zur Halbinsel Jasmund. Gleich zu Beginn lohnt ein kleiner Aufenthalt bei Schloß Spyker, einem stattlichen Renaissancebau, den einst Königin Christine von Schweden ihrem berühmten Feldmarschall Carl Gustav von Wrangel geschenkt hatte. Im nahen Ruschwitz, so erzählt die Sage, soll der berühmt-berüchtigte Seeräuber Klaus Störtebeker geboren sein. Eigentlich hat dieser sogar Homer etwas voraus; denn während sich um letzteren nur die berühmten „Hepta poleis" – die sieben Städte – um den Ruhm streiten, sein Geburtsort zu sein, sind es bei Störtebeker gleich zwölf Städte und Dörfer. Die besten Chancen hat dabei aber einwandfrei dieses kleine Ruschwitz, wo man 1840 beim Ackern in einer Wüstung sogar die Grundmauern des Hauses seiner Eltern gefunden haben will. Dementsprechend reich ist gerade diese Gegend an Sagen über den Räuber und Volkshelden; seine Schlupfwinkel werden gezeigt, sogar die Stelle, an der seine Schätze vergraben gewesen sein sollen.

Als nächstes kommen wir nach Saßnitz, der nördlichsten Stadt des Bundeslandes Mecklenburg-Vorpommern. Die aus zwei Fischerdörfern hervorgegangene Stadt war einmal ein prominenter Badeort, heute dagegen ist sie das wichtige Sprungbrett hinüber nach Schweden, verkehrt doch von hier aus die Fähre nach Trelleborg. Mit dieser Fähre reiste 1917 auch Lenin nach Schweden und weiter nach St. Petersburg. Er hatte den Weg von der Schweiz bis hierher mit Genehmigung der deutschen Behörden in einem versiegelten Eisenbahnwagen zurückgelegt, vor ihm lag der Schritt in die Freiheit und damit in die Weltgeschichte.

Wer gut zu Fuß ist, sollte von Saßnitz aus auf dem Hochuferweg nach Stubbenkammer wandern. Gewiß ist es ein stundenlanger Weg, aber der Wanderer wird dafür durch immer neue grandiose Ausblicke auf Meer und Steilküste entschädigt, vorbei an den Großen Wissower Klinken,

Saßnitz um 1910

denen der Maler Caspar David Friedrich 1818 mit seinen „Kreidefelsen auf Rügen“ zu unvergänglichem Ruhm verholfen hat. Der Künstler schuf das Bild während seiner Hochzeitsreise. Er hatte zusammen mit seiner jungen Frau, seinem Bruder und seiner Schwägerin einen Ausflug nach Rügen unternommen und dabei das Motiv für das Gemälde gewonnen. Der schönste Punkt der Wanderung ist dann der 117 Meter hoch aufragende Königsstuhl mit seiner einmaligen Aussicht. Wem es gelingen sollte, dort oben oder unten am Strand vor dem Felsen für einen Augenblick dem Ausflugsrummel zu entgehen, der mag vielleicht die Sage von der „Jungfrau von Stubbenkammer“ nachlesen, wie sie der Dichter Adelbert von Chamisso in einer Ballade festgehalten hat:

„Ich trank in schnellen Zügen
das Leben und den Tod
beim Königsstuhl auf Rügen
am Strand im Morgenrot.

Ich kam am frühen Tage
nachsinnend einsam her
und lauscht' dem Wellenschlage
und schaute übers Meer.

Wie schweifend aus der Weite
mein Blick sich wieder neigt,
da hat sich mir zur Seite
ein Feenweib gezeigt.

An Schönheit sondergleichen,
wie nimmer Augen sahn,
mit goldner Kron' und reichen
Gewändern angetan.

Stralsund zählt trotz der Zerstörungen im Zweiten Weltkrieg zu den besterhaltenen historischen Stadtanlagen Mecklenburg-Vorpommerns – auch wenn so manches Bauwerk der Restaurierung bedarf. Die Silhouette der Stadt am Strelasund zeigt links die Marienkirche mit ihrem 106 Meter hohen Turm und die Jakobikirche, rechts die ungleichen Türme der Nikolaikirche und das Rathaus. Von der alten Hansestadt, die im Dreißigjährigen Krieg von Wallensteins Truppen belagert wurde, erzählt man sich folgende Anekdote: Die Unterhändler des kaiserlichen Generals bekamen auf ihre Forderung nach Lösegeld schlicht die Antwort: „Dat hebben wi nich!" Die Drohung, dann müsse die Stadt eben eine Besetzung hinnehmen, wurde mit den Worten „Dat don wi nich!" abgetan. Und als Wallensteins Männer die Stralsunder Bürger daraufhin „Lumpenhunde" titulierten, bekamen sie als Antwort ein stolzes „Dat sün wi nich!". Doch die Dickköpfigkeit der Stralsunder konnte nicht verhindern, daß mit dem Ende des Dreißigjährigen Kriegs auch die Unabhängigkeit der Handelsrepublik vorbei war. Fast zweihundert Jahre lang, bis 1815, gehörte Stralsund zu Schweden. Rechts: Im Stralsunder Hafen befindet sich auch der Anliegeplatz der „Weißen Flotte", mit deren Fährschiffen man zur kleinen Insel Hiddensee übersetzen kann.

Das gotische Rathaus von Stralsund gilt mit seiner verzierungsreichen Schaufassade als das schönste Bauwerk seiner Art im norddeutschen Raum. Die ältesten Teile des Gebäudes stammen aus dem 13.Jh., im Laufe der Generationen – so während der Renaissance und des Barock – erfuhr es zahlreiche Umbauten. Im Rathaus wurde 1370 der „Friede von Stralsund" zwischen der Hanse und dem dänischen König geschlossen. Die Hansestädte beherrschten damit den Ostseeraum und waren auf der Höhe ihrer Macht.

Die Insel Rügen zeigt vielerorts noch ein intaktes Landschaftsbild mit natürlichen Wasserläufen. Wer die Küste mit ihren lebhaften Badestränden verläßt, lernt – wie hier bei Baabe im Südosten der Insel – die beschauliche Seite Rügens kennen.

Wer von Putbus an die Ostküste Rügens zum Seebad Binz fährt, kommt am Jagdschloß Granitz vorbei. Fürst Wilhelm Malte I. aus der Familie der Reichsgrafen von Putbus ließ das Schlößchen 1836–46 errichten. Architekt des quadratischen Baus war Johann Gottfried Steinmeyer, den 38 Meter hohen Turm entwarf Karl Friedrich Schinkel.
Der Aufstieg im Turm über die 154 Stufen der Wendeltreppe mit ihrem kunstvollen Eisengußgeländer wird mit einem phantastischen Blick über die grünen Felder und die Bodden- und Seenlandschaft Rügens belohnt (linke Seite).

Oben: Auf der Halbinsel Mönchgut kann man in Göhren das Mönchguter Heimatmuseum besichtigen, das in einem typischen Rügener Bauernhaus aus dem 19.Jh. mit rohrgedecktem Dach untergebracht ist. Das 1276 zum erstenmal als „Gorna“, abgeleitet von slawisch „Berg“, erwähnte Göhren gehört zu jenen Orten, die der Ranenfürst Jaromar II. einst an das Kloster Eldena verkaufte.
Links: Das Ernst-Moritz-Arndt-Museum in Garz, der ältesten Stadt auf Rügen, erinnert an den großen politischen Schriftsteller, der 1769 südlich von Garz in Groß Schoritz zur Welt kam. Arndt, der auf Rügen seine Kindheit verbrachte, in Stralsund das Gymnasium besuchte und in Greifswald und Jena studierte, kämpfte für die Bauernbefreiung in Vorpommern, gegen die napoleonische Fremdherrschaft und für die deutsche Einheit.

Rechte Seite: Rügens südöstlichste Spitze, die Halbinsel Mönchgut, bietet trotz ihres beliebten Seebads Göhren noch stille Wege zum Spazierengehen. Der Name dieser Gegend erinnert an die Tatsache, daß die Halbinsel einst den Mönchen von Eldena – auf dem festländischen Gebiet des Fürstentums Rügen – gehörte.

Die Kreidefelsen von Stubbenkammer sind wohl das bekannteste und beliebteste Fotomotiv Rügens. Von der Aussichtsplattform des 117 Meter hohen Königsstuhl bietet sich ein unvergeßlicher Blick auf die weißen Felsen und das Meer.
Der Hochuferweg vom neun Kilometer südlich gelegenen Städtchen Saßnitz entlang der Steilküste nach Stubbenkammer führt durch herrlichen Buchenwald.

Der 1774 in Greifswald geborene Maler Caspar David Friedrich hat der Steilküste von Stubbenkammer zu Weltberühmtheit verholfen. Das Bild „Kreidefelsen auf Rügen" (Winterthur, Stiftung Oskar Reinhart) entstand um 1818, als Friedrich schon zwanzig Jahre in Dresden lebte. Seiner norddeutschen Heimat blieb der romantisch geprägte Landschaftsmaler durch wiederholte Besuche und zahlreiche Bilder verbunden.

Funde aus der Stein-, Bronze- und Eisenzeit zeugen von der Besiedlung des heutigen Mecklenburg-Vorpommern in prähistorischer Zeit durch indogermanische und germanische Stämme. Von den 1147 bekannten jungsteinzeitlichen Megalithgräbern sind noch 445 gut erhalten. Keine andere Region Deutschlands weist so viele Dolmen auf engem Raum auf wie die Insel Rügen, obwohl auch hier etliche der großen Steine zum Haus- und Straßenbau verwendet wurden, ehe man ihre Bedeutung erkannte. Man geht davon aus, daß es mehr als dreihundert Megalithgräber auf der Insel gegeben hat. Das bei Granitz auf einem eichenbestandenen Hügel gelegene Grab ist rund 4300 Jahre alt. Ursprünglich waren diese Anlagen mit Erde bedeckt, sie dienten mehreren Generationen als gemeinsame Grabstätte. Die Decksteine waren bis zu 25 Tonnen schwer und konnten nach dem Volksglauben nur von Riesen herbeigeschafft worden sein – daher auch die Bezeichnung „Hünengräber".

Rechts: Zeugnisse vergangener Zeiten sind im Kulturhistorischen Museum von Stralsund zu sehen. Die Keramikgefäße aus der Jungsteinzeit wurden in Gingst gefunden, einem Ort im Westen der Insel Rügen. Die goldenen Schmuckstücke, die Ende des zehnten Jahrhunderts entstanden, zählen zu den kostbarsten Arbeiten des wikingischen Kunsthandwerks. Die als „Hiddenseer Goldschatz" bekannte Sammlung besteht aus einer Buckelscheibenfibel, einem Halsring sowie 14 Anhängern einer Kette, zum Teil mit vogelkopfähnlichen Tragösen. Diese Tragösen erinnern in der Form sowohl an den Thorshammer als auch an das Kreuz. Die Besitzerin war wohlmöglich eine adlige Dänin, die bereits zum Christentum übergetreten war. Das Original des Hiddenseer Goldschatz wird im Stralsunder Museum bewahrt, in Kloster auf Hiddensee ist eine verkleinerte Kopie zu sehen.
Die goldenen Armringe, die aus dem 10. bis 11.Jh. stammen, wurden bei Peenemünde auf der Insel Usedom gefunden.

Die Fürstenfamilie von Putbus, eine Nebenlinie der alten Rügenfürsten, schuf sich Anfang des 19.Jh. die letzte planmäßig angelegte Residenz Norddeutschlands. Putbus sollte Wilhelm Malte I. als Sommerresidenz und Badeort dienen. Das Theater, das 1819–21 nach Plänen Wilhelms Steinbachs entstand, besitzt heute noch seinen ursprünglichen klassizistischen Zuschauerraum.

Schön anzusehen ist die 7,5 km^2 große Parkanlage von Putbus, die 1805–25 im englischen Stil angelegt wurde. Vom architektonischen Bezugspunkt des Parks, dem Fürstenschloß, blieb nichts erhalten. Es wurde im Krieg beschädigt und 1962 wegen Baufälligkeit abgetragen.
Links: Die Architekten Steinmeyer, Schinkel und Stüler, die mit der Gestaltung des Jagdschlosses Granitz beauftragt waren, zieren den Sockel des Denkmals für Fürst Wilhelm Malte I. in Putbus. In der Mitte Karl Friedrich Schinkel, der seinen Kollegen am Modell den Rundturm erklärt.

In Mecklenburg-Vorpommern gibt es noch stille Naturlandschaften und abgeschiedene Vogelparadiese. Auf der Halbinsel Zudar im Süden von Rügen hat sich eine Kormoran-Kolonie angesiedelt.
Unten: Wenn der „Rasende Roland“ mit dreißig Stundenkilometern vorbeidampft, werden Erinnerungen an eine gemächlichere Zeit wach. Damit die Bewohner des Fürstenschlosses zu Putbus und ihre Gäste bequem von der Residenz zum Jagdschloß Granitz und von dort zu den Seebädern gelangen konnten, wurde 1895 die 750–Millimeter-Schmalspurbahn eingeweiht. Die beiden Dampflokomotiven stammen von 1913/14. Der „Rasende Roland“ wurde 1967 zum „Technischen Denkmal“ erklärt – ein Denkmal, das nicht nur nostalgischen Wert hat, sondern immer noch der Personenbeförderung dient.

Das Ostseebad Binz ist eine der Stationen der alten Schmalspurbahn. Das ehemalige Fischer- und Bauerndorf, das 1867 nur 182 Einwohner hatte, entwickelte sich durch die Nähe der Residenzstadt und des Jagdschlosses ab 1870 zum bedeutendsten und elegantesten Seebad Rügens. Das Kurhaus an der Strandpromenade, das 1906–08 errichtet wurde, erinnert an die mondäne Zeit der zwanziger Jahre, als Binz *das* Seebad für die Berliner Badegäste war.
Rechts: Wer einmal einen Sommerurlaub an Norddeutschlands Küsten verbracht hat, der weiß, was eine „steife Brise“ ist. So mancher Strandtag wäre ein zweifelhaftes Vergnügen, ohne den Schutz und die gemütliche Abgeschiedenheit des Strandkorbs. Das nützliche Utensil wurde vor rund hundert Jahren von dem gewieften Mecklenburger Korbmachermeister Bartelmann erfunden und ist seitdem von den Stränden der Nord- und Ostsee nicht mehr wegzudenken. Die bunte Graffitti-Bemalung, die für nahtlose Bräune wirbt, trägt Eulen nach Athen. Kaum eine andere Region Deutschlands bietet soviel offizielle FKK-Möglichkeiten wie Mecklenburg-Vorpommern.

Hier, auf dem Kap Arkona hoch im Norden von Rügen, stand vor rund achthundert Jahren die slawische Jaromarsburg mit einem Tempel für die vierköpfige ranische Gottheit Swantewit. 1168 wurde die Burg von den Dänen erobert und zerstört, die Bewohner dem Christentum unterworfen.
Die Steilküste des Kap Arkona wird von zwei ungleichen Brüdern bewacht, dem viereckigen 20 Meter hohen Backsteinturm von 1827 und dem 15 Meter hohen runden Leuchtturm aus dem Jahre 1902. Der ältere Leuchtturm entstand nach Plänen von Schinkel, dem es gelang, Stilelemente der Backsteingotik mit klassizistischen Motiven zu verbinden.
Rechte Seite: Hiddensee, „dat söte Länneken", ist die kleine, verträumte Schwester der großen Insel Rügen. Auf dem schmalen, knapp 17 Kilometer langen Eiland sind private Autos nicht zugelassen, man geht zu Fuß, fährt mit dem Rad oder der Pferdekutsche. Die Athmosphäre der Insel scheint besonders Künstler und Intellektuelle anzuziehen. Einstein, Freud, Zuckmayer, Max Reinhardt, Lion Feuchtwanger, Käthe Kollwitz, Hans Fallada, Ringelnatz, Asta Nielsen, Käthe Kruse und Thomas Mann – sie alle suchten Erholung auf Hiddensee.
Vom Meer aus blickt man auf die weißgetünchten, meist reetgedeckten Häuser von Neuendorf, das sich das Aussehen eines Fischerdorfes weitgehend bewahrt hat. Eine besondere Treue erwies Gerhart Hauptmann der kleinen Ostseeinsel. Seinem ersten Besuch auf Hiddensee im Jahre 1885 folgten weitere 19 Aufenthalte. 1930 erwarb er das „Haus Seedorn" in Kloster.

Links: In einer Lichtung des Greifswalder Stadtteils Eldena steht die Ruine des 1199 gegründeten Zisterzienserklosters, die weit über die Grenzen des Landes hinaus durch zahlreiche Gemälde, Aquarelle und Zeichnungen Caspar David Friedrichs bekannt wurde. Nachdem das Kloster im 16.Jh. im Zuge der Reformation aufgelöst wurde, diente es den pommerschen Herzögen als Quartier. 1634 wurde es der Universität Greifswald zugesprochen, doch nur drei Jahre später plünderten es schwedische Soldaten. Im Laufe der Jahrhunderte gab es mehrmals Feuerbrünste, der Backsteinbau zerfiel und wurde als Steinbruch benutzt.
Oben: Caspar David Friedrich (1774–1840) hat seiner Heimatstadt Greifswald so manches romantische Bild gewidmet. Auf dem 1816/17 entstandenen „Greifswald im Mondschein" ist die Silhouette der Stadt mit ihren prägnanten Kirchtürmen zu erkennen.
Die alte Hansestadt Greifswald hat noch zahlreiche historische Bauten aufzuweisen. Älteste Kirche der Stadt ist die Marienkirche. Sie überragt die restaurierten Giebelhäuser am Markt.
Rechts: Fast hundert Meter hoch ist der Turm der Nikolaikirche, die Karl Friedrich Schinkel laut Aufzeichnung des Dompfarrers Finelius als die „schönste Kirche, die ich kenne" bezeichnet haben soll. An dem Turm wurde rund 350 Jahre lang gebaut; der quadratische Unterbau stammt von 1300, die welsche Barockhaube mit zweifacher Laterne kam als letztes Element 1652 hinzu. Die Greifswalder haben ihrem Domturm den Spitznamen „langer Nikolaus" gegeben.

Die „alma mater gryphiswaldensis“ ist die zweitälteste Universität Nordeuropas; sie wurde 1456 gegründet. Zu ihren Studenten gehörten Ulrich von Hutten, die Ärzte Theodor Billroth und Ferdinand Sauerbruch sowie Ernst Moritz Arndt, der hier auch seine erste Professorenstelle antrat. Seit 1933 ist die Greifswalder Universität nach dem Rügener Schriftsteller und politischem Kämpfer benannt. Das Hauptgebäude der Ernst-Moritz-Arndt-Universität stammt aus der späten Barockzeit. Es wurde 1747–50 nach Plänen des Greifswalder Mathematikprofessors Andreas Meyer errichtet.

Sie kniet' auf Felsensteinen,
umbrandet von der Flut,
und wusch, mit vielem Weinen,
ein Tuch, befleckt mit Blut.

Umsonst war ihr Beginnen,
sie wusch und wusch mit Fleiß,
der böse Fleck im Linnen
erschien doch nimmer weiß.

Da sah sie unter Tränen
mich an und bittend fast;
da hat ein heißes Sehnen
mich namenlos erfaßt.

‚Gegrüßet mir, du blendend,
du wundersames Bild!' –
Sie aber, ab sich wendend,
sprach schluchzend, aber mild:

‚Ich weine trüb und trüber
die Augen mir und blind;
gar viele ziehn vorüber,
und nicht *ein* Sonntagskind.

Nach langem, bangem Hoffen
erreichst auch du den Ort –
O hättest du getroffen
zum Gruß das rechte Wort!

Hätt'st du *Gott helf!* gesprochen,
ich wär' erlöst und dein,
die Hoffnung ist gebrochen,
es muß geschieden sein!' –

Da stand sie auf, zu gehen,
das Tuch in ihrer Hand,
und, wo die Pfeiler stehen,
versank sie und verschwand.

Ich trank in schnellen Zügen
das Leben und den Tod
beim Königsstuhl auf Rügen
am Strand im Morgenrot."[7]

Die Weiterfahrt von Saßnitz nach Bad Binz kann an der Küste entlang über die Schmale Heide oder über den Damm, der den Großen und den Kleinen Jasmunder Bodden trennt, nach Bergen gehen. Wer den ersten Weg wählt, lernt ein beeindruckendes Naturschutzgebiet kennen, das auf der Schmalen Heide bei Neu-Mukran liegt. Da gibt es im Kiefernwald jene eigenartigen, etwa ein Meter hohen und bis zu 25 Meter breiten Feuersteinwälle, deren Entstehung bis heute nicht voll geklärt ist. Jedoch wird vermutet, daß sie durch Sturmfluten vor etwa zweitausend Jahren zu Steindünen angespült wurden. Nicht genug damit, ist das Gebiet geradezu ein Paradies für Naturfreunde; hier finden sich eine ganze Anzahl seltener Pflanzen wie Krähenbeere, das Moosglöckchen, geflecktes Knabenkraut oder Glanzkraut.

Eingemeißelte Figur an der Kirche in Bergen

Auf dem Weg nach Bergen, der zweiten Route, kommt man unmittelbar hinter dem Großen Jasmunder Bodden in Ralswiek zu dem größten slawischen Handelsplatz Rügens. Noch haben die Archäologen nicht alles freigelegt. Schiffsfunde beweisen, daß es auch ein wichtiger Hafenort war. Die Ostsee-Slawen galten als tüchtige Seefahrer, sie beförderten vor allem Agrarprodukte nach Skandinavien, ihre Schiffe segelten in den Atlantik ebenso wie ins Mittel- und ins Schwarze Meer.

Bergen, Hauptort der Insel und Kreisstadt, ist wichtig für den Reisenden wegen der spätromanischen Fresken in der Marienkirche mit Szenen des Jüngsten Gerichts, bei denen, wie in den meisten Fällen, die grandiose Darstellung der Verdammten und ihrer Höllenqualen am stärksten beeindruckt. Das Gotteshaus gehörte einmal zu einem Kloster der Zisterzienserinnen, die im Zuge der Ostkolonisation eine gleichwertige Arbeit leisteten wie die männlichen Mitglieder des Ordens. Noch einmal, wie in Altenkirchen, begegnet uns in der Außenmauer ein archaisch anmutender slawischer Grabstein des zwölften Jahrhunderts. Angeblich soll die dort eingemeißelte Figur den Gott Swantewit darstellen, möglicherweise ist es aber nicht er, der nun die christliche Kirche bewachen muß, sondern der Ranenfürst Jaromar I.

Wer von hier aus zum Seebad Binz will, dem größten und, wie stolz hervorgehoben wird, auch elegantesten Bad Rügens, kommt am Jagdschloß Granitz vorbei, das sich Fürst Wilhelm Malte I. zwischen 1836 und 1846 errichten ließ. Karl Friedrich Schinkel entwarf den mächtigen Innenturm, der bei gutem Wetter einen herrlichen Rundblick weit über die Insel und die Ostsee gewährt. Zum ersten Mal begegnet uns hier jener kunstsinnige Fürst Malte aus der Familie der Reichsgrafen von Putbus, einer Nebenlinie der 1325 ausgestorbenen slawischen Fürsten von Rügen. Er hat es geschafft, daß er 1807 in den Fürstenstand erhoben wurde, was in einer Zeit, in der König und Großherzöge ihre Würde durch die Gnade Napoleons empfingen, nicht besonders schwierig war, nur mit dem kleinen Unterschied, daß er seine Rangerhöhung vom schwedischen König erfuhr und sie 1817 vom preußischen König bestätigt wurde. Der neugebackene Fürst baute das Schloß Granitz und schuf sich in Putbus selbst einen Luxusbadeort und eine Residenz, die durchaus mit anderen Residenzen deutscher Duodezfürstentümer konkurrieren konnte, wie unser nächster Besuch beweisen wird.

Wir reisen diesmal von Binz aus mit dem „Rasenden Roland", dem Gegenstück zur „Molli" von Bad Doberan, also einer Schmalspurbahn. Sie wies früher einmal ein 98 Kilometer langes Schienennetz auf, von dem aber erhebliche Teile heute stillgelegt sind. Mit dreißig Stundenkilometern rast der „Roland", den böse Zungen auch „Rübenexpress" nennen, von Binz direkt nach Putbus. Wer aber genügend Zeit mitbringt, kann von Binz-Ost – nicht zu verwechseln mit dem Bahnhof der Normal-

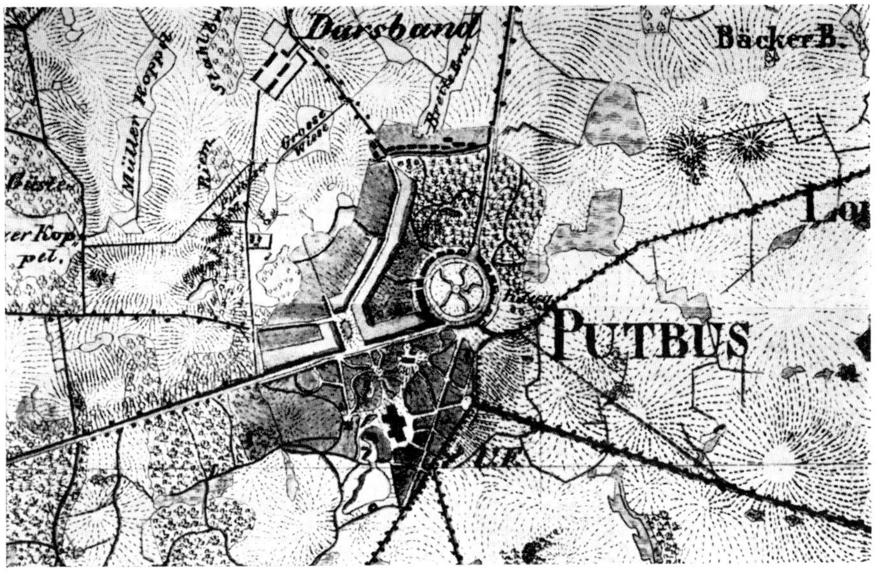

Putbus, auf dem Meßtischblatt von 1835 sind Circus und Schloß zu erkennen

strecke am Endpunkt des IC aus Köln – zuerst einmal zu den kleineren Badeorten auf dem Mönchgut fahren. Dieser Südostzipfel der Insel gehörte im Mittelalter, wie der Name schon sagt, den Mönchen des Klosters Eldena bei Greifswald.

Putbus lohnt den Besuch, ist es doch eine reizvolle Residenz, die letzte planmäßig angelegte in Norddeutschland. Fürst Wilhelm Malte begann mit dem Ausbau unmittelbar nach seiner Standeserhöhung. Den Mittelpunkt der neuen Residenz bildet ein kreisrunder Platz, der in der sozialistischen Zeit „Ernst-Thälmann-Platz" hieß, heute aber wieder wie früher „Circus" genannt wird. Mit den schönen Häusern, die ihn säumen, ist er geradezu das Musterbeispiel eines klassizistischen Ensembles, wie es eben nur ein schmuckes Residenzstädtchen des frühen 19. Jahrhunderts bieten kann. Von hier aus führt eine schnurgerade Allee durch den Park, vorbei am Mausoleum der fürstlichen Familie, einem Denkmal für Fürst Malte und dem Schwanenteich, zum Affenhaus und der Ruine des Fasanenhauses. Das fürstliche Schloß am Schwanenteich wird man vergeblich suchen. Bei Kriegsende beschädigt und baufällig geworden, verfiel es dem sozialistischen Verdikt und wurde 1962 abgetragen. Erhalten dagegen ist das Wohnhaus des fürstlichen Gärtners unmittelbar gegenüber dem Circus, das heutige Rosen-Café. Hier wohnte 1866 für einige Wochen Otto von Bismarck, der damalige preußische Ministerpräsident, um in der Ruhe der kleinen Residenz am Verfassungsentwurf des Norddeutschen Bundes zu feilen. Und nicht zu vergessen ist natürlich das Theater an der Ecke des Marktes, das heute noch über den alten, klassizistischen Zuschauerraum verfügt. Es spielt im Leben Gerhard Hauptmanns eine wichtige Rolle. Der Dramatiker nahm während seines Rügen-Besuches 1886 Kontakte mit der in Putbus gastierenden Schauspielertruppe auf; dadurch verstärkte sich seine Neigung für das Theater, vor allem beschäftigte er sich danach eingehend mit dem Werk Shakespeares. In seinem 1936 erschienenen Roman „Im Wirbel der Berufung" setzte er Putbus, dem Schloßpark und vor allem dem kleinen Theater selbst ein literarisches Denkmal:

Residenzschloß in Putbus, Aufriß der Fassade um 1830 von Steinmeyer

„Das Theater war klein. Aber hatte nicht Goethe in dem kleineren Lauchstädter Bühnenhäuschen den ‚Tell' und den ‚Wallenstein' gespielt, zwei Stücke, die den größten szenischen Aufwand erforderten? Und vertrug Shakespeare, mit seinen vielen, schnell wechselnden Auftritten und Abgängen, nicht die größte Vereinfachung?

So war es und dies hatte sich Baron Cramm, der Maler, zunutze gemacht. Man spielte vor langen samtenen Vorhängen, die in vielen Vertikalen anstanden. Die Gestalten traten teils von den Seiten, teils eben durch diese Vorhänge auf. Die samtenen Draperien, die, hintereinander aufgehängt, schnell entblößt werden konnten, waren in der Farbe auf die verschiedenen Szenenkostüme abgestimmt. Die Wünsche des Malers, kaum ausgesprochen, hatte der nun einmal für das Unternehmen erwärmte Fürst sogleich erfüllt. Alte italienische, ja sogar türkische Samte traten hervor hinter modernen, die aus Paris verschrieben waren. Auch gemusterte hingen darunter. Das Duell zwischen Hamlet und Laertes fand vor einem Brüsseler Bilderteppich statt, der in der Hauptsache einen Garten mit griechischen Tempeln und Schwanenteichen vorstellte.

Auch der Vorhang, der die Bühne vom Parkett trennte, war erneuert worden. Man hat aus dem Gerümpel der fürstlichen Schlösser alte Brokate mit dem goldgestickten Wappen des Hauses zutage gebracht, kurz, alles mögliche war getan worden, um den kommenden Doppelgeburtstag über den Alltag hinauszuheben.

Trotzdem vor der letzten Probe unsäglich viel mehr als bei jeder anderen zu verrichten war, schien es eher, als sei eine Atempause eingetreten. Ein etwa laut gesprochenes Wort zog sich gleichsam erschrocken in sich zurück: Grund war das Bedürfnis der Künstler, sich zu sammeln, ferner auch die unmittelbare Nähe jener magischen Wolke, in die sie eingehen sollten.

Als Erasmus seinen Obliegenheiten hinter der Bühne überall nachgekommen war und in den Zuschauerraum zurückkehrte, fand er ihn sozusagen ausverkauft. Die hohen Herrschaften, voran der Fürst, waren da. Im übrigen aber Kopf an Kopf die Einwohner von Granitz, die man auf diese Weise schadlos halten wollte, da nur die Honoratioren des Ortes für die eigentliche Festvorstellung in Betracht kamen.“[8]

Natürlich war das Theater, mochte es auch noch so klein sein, auf die Gäste aus den umliegenden Badeorten angewiesen. Deshalb kam der „Rasende Roland“ zu besonderen Ehren und verkehrte von 1901 bis 1916 während der Saison als Theaterzug von Bad Binz nach Putbus, wobei er sogar einen eigenen Küchenwagen mitführte, in dem man den Gästen ein warmes Abendessen servierte!

Die letzten Stationen auf der Insel sind Garz und Groß Schoritz. In dem Dörfchen Groß Schoritz kennzeichnet eine Gedenktafel das einfache Geburtshaus von Ernst Moritz Arndt, dem wohl bekanntesten Sohn der Insel Rügen. Er wurde hier 1769 als Sohn eines Leibeigenen geboren, der es bis zum Verwalter des gräflichen Gutes und zum Gutspächter gebracht hatte. In der Kirche von Garz, der ältesten Stadt auf Rügen, wurde Arndt getauft und später konfirmiert. Seine Jugend verbrachte er in der Enge des Heimatdorfes. In seinen „Lebenserinnerungen“ erzählte er später davon:

„Wohnte nun auf Gut Dumsevitz fünf oder sechs Jahre, ich meine bis zum Winter 1780. Wir waren ein Viergespann von Buben, und es kam hier bald noch eine Dirne und ein Knabe hinzu, so daß in Dumsevitz das halbe Dutzend voll war, das späterhin noch um zwei Geschwister vermehrt werden sollte. Dies hier sind die Jahre der Kindheit, und aus diesen sind mir die anmutigsten und liebsten Lebensbilder übrig geblieben, und auch glaube ich, sie haben meine glücklichsten Tage enthalten. Was nun das Äußere betrifft, so waren wir freilich aus dem Palast in die Hütte versetzt. Dumsevitz war ein häßlicher, zufällig entstandener Hof, mit einem neuen, aber doch kleinlichen Hause; indessen lagen doch hübsche Wiesen und Teiche umher, nebst zwei sehr reichen Obstgärten, und in den Feldern fanden sich Hügel, Büsche, Teiche, Hünengräber, alles noch in dem unordentlichen Zustande eines noch sehr unvollkommenen und ursprünglichen Ackerbaus, und wir streiften, dem fröhlichen Jäger, dem Vater und seinen Hunden folgend, oft darüber hin.

Im Herbst und Winter, wo die Eltern am meisten Muße hatten, hielten sie ordentlich Schule mit uns; Schreiben und Rechnen lehrte uns der Vater, und die Mutter hielt die Leseübungen und machte unsere jungen Geister durch Erzählungen und Märchen lebendig, die sie mit großer Anmut vorzutragen verstand. Das Lesen aber ging in den ersten Jahren fast nicht über Bibel und Gesangbuch hinaus; ich möchte sagen: desto besser für uns. Die Mutter war eine fromme Frau und eine gewaltige Bibelleserin, und ich denke, ich habe die Bibel wohl drei-, viermal mit ihr durchgelesen. Das Gesangbuch mußte auch fleißig zur Hand genommen werden, und an Sonnabendnachmittagen mußten die Jungen unweigerlich ein aufgegebenes Lied oder das Sonntagsevangelium auswendig lernen …

Die Sitte war damals feierlich und streng, und Kinder und Gesinde wurden bei aller Freundlichkeit und Gutherzigkeit der Eltern und Herrschaften immer in gehörigem Abstande gehalten. Wir älteren Burschen sind fast streng erzogen worden. In Beschuhung und Bekleidung war keine Weichlichkeit gestattet. War bei einem Nachbar, auch wohl bei einem Freunde, der wohl eine Meile entfernt wohnte, etwas zu bestellen,

Ernst Moritz Arndt, Federzeichnung von Karl Bauer

so schrieb der Vater das Briefchen; das zahme Rößlein ward gesattelt, der Junge daraufgesetzt, und ohne Mantel und Überrock, es mochte Sonnenschein oder Regen oder Schneegestöber sein, mußte er fortgaloppieren. Ja, der Vater, noch jung und kräftig, fühlte mit uns kein weichliches Mitgefühl. Fuhr er im Winter stundenweit mit klingendem Einspännerschlitten zu Verwandten oder Freunden, so mußten die älteren Buben zur Seite oder hinter ihm aufhocken und, wenn es sie fror, nebenher springen, um sich zu erwärmen. Ja, ich erinnere mich, wie ich als Junge von neun oder zehn Jahren in fremdem Haus auf einem Stuhl oder einem Bett eingeschlafen lag, während die Männer Karten spielten, wie mich der Vater dann um elf oder zwölf Uhr nachts aufrüttelte und ich schlaftrunken in den Schlitten hinausmußte, wie er mich dann zum Spaß recht absichtlich mehrmals umwarf, daß ich mich im Schnee umkehren mußte, wie ich dann auch immer munter sein mußte, wenn wir durch Koppeln und Dörfer kamen, die Schlagbäume zu öffnen. Wehe mir, wenn ich, mich aus dem Schnee herauswühlend, eine weinerliche Gebärde gezeigt hätte!“[9]

Mit 22 Jahren durfte Arndt die Universität Greifswald, später die in Jena besuchen und Theologie und Geschichte studieren. Sein Lebensweg führte ihn hinaus, zuerst auf eine ausgedehnte Fußwanderung durch Deutschland, Österreich, Italien und Frankreich, 1800 wurde er dann Hochschullehrer in Greifswald. Daß er über den Blick nach vorn und in die Weite den Blick für die Nöte und Probleme seiner Heimat nicht vergaß, beweist die schon 1803 erschienene Schrift „Versuch einer Geschichte der Leibeigenschaft in Pommern und Rügen“, die tatsächlich drei Jahre später zu deren Aufhebung in den schwedischen Gebieten Pommerns führte. Als junger Professor in Greifswald engagierte er sich politisch nach 1806 so sehr gegen die französische Besatzung, daß er nach Schweden fliehen mußte. In den folgenden Jahren begegnen wir ihm an verschiedenen Brennpunkten der politischen Auseinandersetzung. 1811 ging er als Privatsekretär des Freiherrn von Stein nach St.Petersburg und setzte sich in seinen patriotischen Liedern ebenso wie in seinen politischen Schriften leidenschaftlich für den Kampf gegen Napoleon ein. Nach dessen Niederlage und nach dem Wiener Kongreß sah er sich, wie mancher deutscher Politiker und Patriot in der reaktionären Ära Metternich, um die Früchte seines Kampfes betrogen. Als Professor an die Universität Bonn berufen, wurde er bald in die Verfolgungen national und freiheitlich denkender Politiker hineingezogen, angeklagt und seines Amtes enthoben. Erst 1840 voll rehabilitiert, zog er 1848 als ältester Abgeordneter in das Frankfurter Parlament ein. Er lehrte dann noch einmal bis 1854 in Bonn, wo er 1860 starb.

Arndts Schriften und Lieder, in denen sich die nationale Begeisterung und Aufbruchstimmung der Befreiungskriege besonders wirksam spiegeln, waren einmal weit verbreitet; mit „Das Turnwesen“ wurde er zu einem der theoretischen Vorkämpfer der Turnerbewegung, die sich als Bestandteil der nationalen und liberalen Bewegung in Deutschland verstand. Seine ungemein reizvollen „Märchen und Jugenderinnerungen“, die auf die Erlebnis- und Sagenwelt seiner Kindheit zurückgehen, sind heute noch ebenso lesenswert wie etwa seine Reiseberichte. Sein Gedicht „Heimweh nach Rügen“, das er 1842 als 73jähriger schrieb, ist für uns zugleich ein Abschied von der Insel:

„O Land der dunklen Haine,
O Glanz der blauen See,
O Eiland, das ich meine,
Wie tut's nach dir mir weh!
Nach Fluchten und nach Zügen
Weit über Land und Meer,
Mein trautes Ländchen Rügen,
Wie mahnst du mich so sehr!

O Eiland grüner Küsten!
O bunter Himmelsschein!
Wie schlief an deinen Brüsten
Der Knabe selig ein!
Die Wiegenlieder sangen
Die Wellen aus der See
Und Engelharfen klangen
Hernieder aus der Höh.

Fern, fern vom Heimatlande
Liegt Haus und Grab am Rhein.
Nie werd' an deinem Strande
Ich wieder Pilger sein.
Drum grüß' ich aus der Ferne
Dich, Eiland lieb und grün:
Sollst unterm besten Sterne
Des Himmels ewig blüh'n!"[10]

Wir können nach Stralsund zurückkehren und dann am Strelasund und am Greifswalder Bodden entlang nach Greifswald fahren oder aber mit dem Schiff bzw. einer Fähre über den Greifswalder Bodden übersetzen, das Ziel bleibt sich gleich.

Da Mönche des Zisterzienserklosters Eldena den 1248 erstmals als „griphes vold" erwähnten Ort gegründet hatten, sollte die Klosterruine Eldena Ausgangspunkt des Besuches der Stadt Greifswald sein. Unwillkürlich denkt man bei der Nennung des Namens an Caspar David Friedrich, der die romantischen Gemäuer auf verschiedenen seiner Bilder festgehalten oder künstlerisch frei nachgestaltet hat, so etwa in der „Abtei im Eichwald", im „Winter" oder in der „Ruine Eldena im Riesengebirge". Friedrich kannte das Kloster seit seinen Kindertagen, wurde er doch 1774 in Greifswald geboren und verbrachte auch die ersten zwanzig Lebensjahre in seiner Vaterstadt. Erst dann führte sein Weg nach Dresden, wo er von 1794 bis zu seinem Tode 1840 lebte. Mehrfach aber besuchte er noch seine pommersche Heimat.

Viel blieb nicht von der großen Anlage erhalten, doch genügt es, um immer noch einen guten Eindruck von dem Kloster zu gewinnen, das die Zisterzienser hier nahe am Meer 1199 gegründet hatten. Natürlich wird jeder Besucher Eldenas als Attraktion dann auch noch die hölzerne, nach holländischem Vorbild gebaute Klappbrücke bestaunen und fotografieren, die über den Ryck hinüber nach Wieck führt und schon seit 1887 in Betrieb ist.

Klosterfriedhof im Schnee, Gemälde von Caspar David Friedrich

Im Gegensatz zu anderen mecklenburgischen und pommerschen Küstenstädten wie Wismar, Rostock oder Stralsund überstand Greifswald den Zweiten Weltkrieg unbeschädigt. So blieb die Bausubstanz der alten Hanse- und Universitätsstadt erhalten, und vielleicht lassen sich in den nächsten Jahren die Zeichen des Verfalls aufhalten, werden die schönen alten Bürgerhäuser, soweit sie es noch nicht sind, wieder renoviert. Auch die Silhouette blieb weitgehend gleich, wie sie Caspar David Friedrich etwa auf seinem Ölgemälde „Wiesen bei Greifswald" festgehalten hat. Im Gegensatz zu idealisierten anderen Städteansichten hat der Maler sie realistisch wiedergegeben. Deutlich erkennt man auf der Ansicht von Westen, von den damaligen Wiesen am Ryckufer, die unterschiedlichen Türme der Kirchen, beginnend rechts mit Sankt Jacobi, der Pfarrkirche der Neustadt, der im Volksmund „der kleine Jakob" heißt, daneben der Dom St. Nikolai mit dem „langen Nikolaus" und weiter links der gedrungene Turm der Altstadt-Pfarrkirche St. Marien, dessen Form ihm prompt den Namen „Dicke Marie" einbrachte.

Noch heute erinnert das regelmäßige Straßengitternetz der Altstadt an die Zeit der Ostsiedlung. Seinen Wohlstand verdankte Greifswald den nahen Salzquellen, die ursprünglich dem Kloster Eldena gehörten. Zwar erlangte die Stadt nie die gleiche Macht wie etwa das benachbarte Stralsund, doch das Ansehen wuchs, als 1456 die Herzöge von Pommern in ihren Mauern eine Universität gründeten. Ihre Hörerzahl blieb stets bescheiden, lag noch in den dreißiger Jahren unseres Jahrhunderts unter tausend. Schon mancher Gymnasialdirektor dürfte sich heute nach einer solchen überschaubaren Zahl sehnen, von den Universitäten ganz zu schweigen. Man muß unwillkürlich an den beliebten Ausspruch „klein, aber oho" denken, wenn man im heutigen Universitätsbau den alten Rektoratsmantel von 1619 bestaunt, einen der wohl schönsten Ornate aller deutschen Universitäten.

Zu den bekannten Professoren des 19. Jahrhunderts gehörten neben Ernst Moritz Arndt auch jener Ludwig Gotthard Kosegarten, der nach seinem Wirken als Pfarrer in Altenkirchen mit einer Professur für Geschichte den Höhepunkt seiner Laufbahn erreichte. 1817 traf der junge schwedische Gelehrte Per Daniel Atterbom den alten Herrn in Greifswald und gibt eine köstliche Schilderung dieser Begegnung:

„Ich fand eine etwas gealterte, aber riesenhafte und priesterlich-feierliche Gestalt; das lange, dunkle Haar war in der Mitte der Stirn geschei-

Caspar David Friedrich in seinem Atelier (um 1811), Gemälde von Georg Friedrich Kersting

Greifswald, Rekonstruktion der Ostseite des Marktplatzes mit Staffel-, Schild- und Pfeilergiebeln

telt und umrahmte ein wohlgebildetes, tief denkendes, melancholisches und fast farbloses Gesicht. In seinem Wesen verrät sich eine gewisse studierte mystische Würde, die ihn aber nicht schlecht kleidet.

Lohnt es schon die Mühe, ihn zu sehen, so lohnt es sich noch viel mehr, ihn zu hören; seine Stimme und Aussprache ist ganz eigentümlich in ihrer Art. Stelle dir eine Stimme vor, die sehr tief, hohl und geisterhaft klingt und die, wenn er in Affekt gerät – was leicht und oft geschieht – eine erstaunliche Ähnlichkeit mit dem Klageton der Wogen hat, die ein aufsteigender Sturm gegen steile Uferfelsen wälzt! Einmal, da er von einer Frau sprach, deren Erinnerung ihn in das höchste Maß des Entzükkens versetzte, erschrak ich ordentlich, und als ich dabei in das bleiche, düstere, seltsame Antlitz blickte, ward mir gerade, als ob der nebelhafte Meeresgott der Ostsee vor mir stünde.

Späterhin teilte mir jemand mit, daß die pommerschen Landpfarrer sich nicht bloß sämtlich in diese wunderbare Tonart verliebt hätten, sondern sich auch darin versuchten, sie nachzuahmen. Denke dir nun, welch schrecklicher Wogenschwall und Klageton alle Sonntage die christlichen Gemeinden in den pommerschen Kirchen erbaut!“[11]

1893 wurde Hans Fallada in Greifswald geboren. Eigentlich hieß er Rudolf Ditzen, das Pseudonym wählte er erst 1925. Sein Leben war nicht leicht, weder für ihn selbst, noch für seine Umgebung, und oft genug führte es ihn an den Rand des psychischen und physischen Abgrunds. Aber er schrieb meisterhafte Romane, wie „Kleiner Mann, was nun?“ oder „Wer einmal aus dem Blechnapf frißt“, die heute Millionenauflagen erreicht haben. Sein Lebensweg ging über Berlin und Leipzig, wo er seine Jugend verbrachte, nach Mecklenburg, wo er von 1932 an in Carwitz lebte, und dort werden wir ihm auf unserer Rundreise durch das Land noch einmal begegnen.

Vom Oderhaff nach Neubrandenburg

Den dritten Reiseabschnitt werden wir am besten an einem Brunnen beginnen, am Brunnen vor dem Rathaus von Wolgast, weil man sich dort am bequemsten über die Geschichte der Stadt informieren kann. In zehn Szenen hat sie ein Künstler 1936 festgehalten. Immerhin hat schon 1128 Erzbischof Otto von Bamberg, der Slawenmissionar, an der Stelle des heutigen Wolgast den Tempel des slawischen Gottes Gerovid zerstören lassen. 1257 wurde die Siedlung als Stadt erwähnt, bald danach mit lübischem Stadtrecht begabt; als Mitglied der Hanse erlangte sie einen gewissen Wohlstand. Da aber zeitweilig die Herzöge von Pommern hier residierten, blieb sie stärker von ihnen abhängig, konnte sich nicht so selbständig entwickeln wie die anderen Hansestädte. Wolgasts schwere Stunde kam 1713, als Zar Peter der Große im Nordischen Krieg befahl, die damals schwedische Stadt zur Vergeltung niederzubrennen. Das heutige Wolgast entstand erst in den Jahren danach. Im 19. Jahrhundert setzte ein neuer Aufschwung ein, der Seehandel blühte, was allein schon durch die Tatsache belegt wird, daß noch 1865 hier 65 große Segelschiffe beheimatet waren. Im Hafen erinnern heute noch große Speicher daran, daß die Stadt einmal der bedeutendste Getreidehafen an der Ostseeküste war. Als Residenz barg Wolgast in der Pfarrkirche auch die Grablege einiger Pommernherzöge.

In der Kronwiekstraße 45 steht noch das Geburtshaus Philipp Otto Runges. Der dort 1777 als Sohn eines wohlhabenden Schiffsreeders geborene Runge hatte in seiner Heimatstadt die Schule besucht und war zeitweilig von Kosegarten unterrichtet worden. Er entschied sich für die künstlerische Laufbahn eines Malers, hätte aber ebensogut Schriftsteller oder Kunsttheoretiker bzw. -wissenschaftler werden können, denn er zeichnete sich in allen drei Bereichen aus. Sein Lebensweg führte ihn wie der Caspar David Friedrichs ebenfalls nach Dresden, wo ihm aber in seinem kurzen, genialen Leben nur noch neun Jahr vergönnt waren. Seine Bildnisse vor allem zählen zu den Meisterleistungen romantischer Kunst; nur die wenigsten wissen, daß die beiden Märchen „Von dem Mahandel Bohm“ und „Von dem Fischer un syner Fru“ in den „Kinder- und Hausmärchen“ der Brüder Grimm von ihm stammen. Seine Farbentheorie, von der wir nachfolgend nur einen kleinen Auszug kennenlernen, wirkte bis in unsere Zeit nach und beeinflußte Künstler wie Marc oder Klee:

Philipp Otto Runge, Selbstbildnis um 1802

„Das Licht scheinet in die Welt, daß es die Finsternis durchdringe, und der Ausfluß des Lichtes sind die drei Farben, welche von Ewigkeit zu Ewigkeit den Herrn preisen. Wie sie uns im Beschränkten hier erscheinen, als Rot, Blau und Gelb in ihren Bestandteilen, so verbinden sie sich in ihren einfachen Mischungen als Violett, Grün und Orange und in ihrer doppelten Mischung (nämlich da alle drei zu gleichen Teilen zusammenkommen) zu Grau. Daher sind Grün und Violett auch nicht rein zu vermischen, sondern beschmutzen sich nur einander, weil die drei Farben sich hierin treffen; so auch mit den übrigen Mischungen. Jede Farbe ist mit der ihr gegenüberstehenden Mischungen (die beiden anderen) heterogen und mit ihren Seitenmischungen homogen; jede Mischung ist mit ihren Seitenfarben homogen und mit den zwei übrigen Mischungen und der ihr gegenüberstehenden Farbe heterogen. Weiß und Schwarz sind undurchsichtig, die Farben sind durchsichtig und undurchsichtig. Auf die undurchsichtigen Farben wird das Licht heftig wirken, wie auf die durchsichtigen und von ihnen heftiger zurückgeworfen, und so stehen die undurchsichtigen Farben zwischen Weiß und Schwarz. Schwarz beschmutzt die Farben und Weiß macht sie matt. Die Mischung der drei undurchsichtigen Farben ist Grau, und ist dasselbe Grau, so aus Weiß und Schwarz gemischt werden kann. Weiß kann nicht weißer sein und Schwarz nicht schwärzer; so können auch die reinen undurchsichtigen Farben nicht heller oder dunkler werden. Die durchsichtigen Farben werden durch das Licht zu immer hellerem Brande entzündet und fließen in ihrer Einsamkeit in eine unerreichbare Tiefe; so sind sie in ihrer Tiefe dunkler als Schwarz und in ihrer Helligkeit heller als Weiß, dahingegen die undurchsichtigen Farben in ihrer Helligkeit zwischen Weiß und Schwarz bleiben, Gelb nach dem Weißen und Blau nach dem Schwarzen zu, Schwarz entzündet sich durch das Licht nicht zu einer Farbe, ebensowenig auch Weiß und Grau."[1]

Logischerweise werden wir über die Brücke, die Wolgast mit der Insel Usedom verbindet, zu dieser hinüberfahren; wollte man allerdings eine Rundfahrt zu den chronologisch geordneten historischen Spuren unternehmen, müßte man besser den Weg über die „Bäderbrücke" bei Zecherin wählen. Ein Blick auf die Karte läßt die eigenartige Gliederung der Insel deutlich werden. Während die sogenannte Binnenseite stark gegliedert ist, verläuft die Außenküste verhältnismäßig gleichmäßig und schwingt nur leicht in einigen großen Bögen. Hier dominieren die weiten, feinen Sandstrände, kein Wunder also, daß sich auf dieser Seite die bekannten Badeorte reihen. Aber auch der erholungssuchende Wanderer kommt auf seine Kosten; denn die Insel weist eine erstaunliche Formenvielfalt auf, die sie den Kräften der Eiszeit zu verdanken hat. Gerade das Nebeneinander von Laub- und Nadelwald, Moor- und Röhrichtgürtel, mit Heidekraut bewachsenen Bülten, den Seen, Strauchmoränen, den Dünenzonen an der Außenküste bietet reizvolle Abwechslung. Und daß die Insel weitgehend zum Landschaftsschutzgebiet erklärt wurde, in das noch sieben Naturschutzgebiete eingegliedert sind, bestätigt nur die Vielfalt der Natur und läßt hoffen, daß trotz des Massentourismus, von dem auch Usedom überflutet wird, die Natur doch weitgehend ungestört erhalten bleibt.

Bis um die Mitte des vorigen Jahrhunderts dachte ja niemand an Sommerfrischler oder Badegäste. Die Menschen waren auf den Fischfang angewiesen, die Umstellung auf den Fremdenverkehr setzte erst seit der Mitte und vor allem in der zweiten Hälfte des 19. Jahrhunderts ein. Dieser Wandel läßt sich leicht an der Lage der Orte ablesen. Die Fischerdör-

Heringsdorf, Lithograhie des 19. Jh.

fer waren nach der geschützten Binnenküste, die neuen Badeorte dagegen zur Außenküste hin orientiert. Ältestes und zugleich vornehmstes Seebad im heutigen deutschen Teil der Insel ist Heringsdorf. Der Ausdruck „vornehm" bezieht sich allerdings auf die Vergangenheit; denn es wurde *der* Badeort der Gesellschaft aus Großbürgertum und Aristokratie, der sogar mehrfach Kaiser Wilhelm II. als Gast sah. Als sich nach dem Ersten Weltkrieg die Verhältnisse etwas gewandelt hatten, kam ein neues, bürgerliches Publikum, zu dem man wohl auch den russischen Dichter Maxim Gorki zählen darf, der hier in der immer noch mondänen Umgebung seine sozialistischen Jugenderinnerungen „Meine Universitäten" schrieb. Für Gorki vertrugen sich solche Gegensätze durchaus. Nach dem Zweiten Weltkrieg entwickelte sich Heringsdorf zum bevorzugten Badeort der neuen SED-Aristokratie in der klassenlosen Gesellschaft. Heute steigt die Bedeutung Heringsdorfs ebenso wie die der anderen Badeorte mit dem bekannten Namen wie Zinnowitz, Koserow, Ueckeritz und Ahlbeck, das bezeichnenderweise früher einmal „die Badewanne Berlins" genannt wurde. Nur Swinemünde gehört nicht mehr dazu, sondern ist seit 1945 als Świnoujście ein polnischer Badeort, von dem noch die Rede sein wird.

Den historischen und kulturhistorischen Spuren läßt sich auf der Insel gut nachgehen. Zur Megalithkultur der Jungsteinzeit zurück führt das Hünengrab bei Lütow, aus der Bronzezeit stammen mehrere sogenannte Hortfunde und die Reste einer alten Burganlage auf dem Golm. In der slawischen Zeit seit dem siebten nachchristlichen Jahrhundert scheinen die Siedlungen auf der Insel recht wohlhabend gewesen zu sein, wie verschiedene Funde beweisen. Damals entstand auf der benachbarten, heute polnischen Insel Wollin die Stadt Jumne. In ihrer unmittelbaren Nachbarschaft errichteten dänische Wikinger das berüchtigte Piratennest der Jomsburg. Länger als ein Jahrhundert konnte diese sich halten, stellte sogar einen ernstzunehmenden Machtfaktor an der Ostsee dar, bis 1043 erst der Norwegerkönig Magnus der Gute, später dann die Dänen gegen die Siedlung vorgingen und sie schließlich zerstörten. Der letzte Rest versank 1304 während einer Springflut. Das Schicksal Jumnes bildete Grundlagen für die Sage von der untergegangenen Stadt Vineta. Ob der Name dieser Stadt von „Urbs Venetorum" – Stadt der (slawischen) Wenden – oder von Jumne/Jumneta abgeleitet wurde, ist unerheblich.

Vineta, so erzählt die Sage, wurde vom Meer verschlungen, weil der Hochmut und Geiz seiner reichen Kaufleute bestraft werden sollte. Nur alle hundert Jahre darf es einmal für eine Stunde in aller Pracht aus dem Meer emporsteigen. Die Bewohner aber können nicht sterben, bis sie einen lebenden Menschen gefunden haben, der ihnen, und sei es nur zum billigsten Preis, etwas abkaufe. Die schönste Nacherzählung dieser Sage stammt wohl von der großen schwedischen Dichterin Selma Lagerlöf, die sie in ihrem Kinderroman „Wunderbare Reise des kleinen Nils Holgersson mit den Wildgänsen" aufgenommen hat. Sie erzählt, wie Herr Ermenrich, der Storch, den zum Wichtel gewordenen Nils von Schweden nach Pommern trägt, weil er hofft, dieser könne die Bewohner von Vineta erlösen:

„Der Junge hatte sich warm und müde gelaufen; er dachte, er habe nun so ziemlich das Merkwürdigste von der Stadt gesehen und ging deshalb etwas langsamer weiter. Die Straße, in die er eben eingebogen war, das war gewiß die, wo die Stadtbewohner ihre prächtigen Kleider kauften. Die Leute drängten sich vor den kleinen Läden, wo die Kaufleute auf ihren Tischen starre, geblümte Seidenstoffe, dicken Goldbrokat, schillernden Samt, leichte, flockig gewobene seidene Tücher und spinnwebdünne Spitzen ausbreiteten.

Vorher, als der Junge so rasch gelaufen war, hatte niemand auf ihn achtgegeben. Die Leute hatten gewiß geglaubt, es springe nur eine graue Ratte vorbei. Aber jetzt, wo er ganz langsam durch die Straße dahinwandelte, gewahrte ihn einer der Kaufleute, und sogleich begann er ihm zu winken.

Der Junge wurde zuerst ängstlich und wollte davonlaufen; aber der Kaufmann winkte ihm nur, lachte ihm zu und breitete ein herrliches Stück Seidensamt auf seinem Tisch aus, als ob er ihn damit herbeilocken wollte.

Der Junge schüttelte den Kopf. ‚Ich werde in meinem ganzen Leben nicht so reich sein, um auch nur einen Meter von diesem Stoff kaufen zu können', dachte er.

Aber jetzt hatte man ihn die ganze Straße entlang von jedem Laden aus bemerkt. Wohin er auch sah, überall stand ein Krämer und winkte ihm. Sie ließen ihre reichen Kunden stehen und dachten nur noch an ihn. Er sah, wie sie in den verstecktesten Winkel des Ladens liefen, um das Beste, was sie zu verkaufen hatten, hervorzuholen, und wie ihnen, während sie es auf den Tisch legten, vor Hast und Eifer die Hände zitterten.

Als der Junge nicht anhielt, sondern weiterging, sprang einer der Kaufleute über seinen Tisch weg, hielt ihn fest und breitete Silberbrokat und in allen Farben schillernde gewebte Tapeten vor ihm aus. Der Junge konnte nicht anders, als den guten Mann auslachen. Er hätte ihm doch ansehen müssen, daß ein so armer Schlucker wie er keine solche Ware kaufen konnte. Er blieb stehen und steckte dem Krämer seine beiden leeren Hände hin, um den Leuten zu zeigen, daß er nichts besaß und daß sie ihn in Ruhe lassen sollten. Da hob der Kaufmann einen Finger auf, nickte ihm zu und schob ihm den ganzen Haufen von herrlichen Waren hin.

‚Kann er meinen, er wolle dies alles für ein einziges Geldstück verkaufen?' fragte sich Däumling.

Der Kaufmann zog ein kleines, abgegriffenes, schlechtes Geldstück heraus, das geringste, das es überhaupt gibt, und hielt es dem Däumling hin. Und in seinem Eifer zu verkaufen, legte er noch zwei große silberne Becher auf den Haufen. Da begann der Junge in seinen Taschen zu suchen. Er wußte zwar wohl, daß er nicht einen einzigen roten Heller besaß, aber unwillkürlich sah er doch nach. Alle die anderen Kaufleute sahen eifrig zu, wie der Handel ablaufen würde, und als sie den Jungen in seinen Taschen suchen sahen, sprangen sie über ihre Tische, ergriffen soviel Gold- und Silberschmuck, als ihre Hände zu fassen vermochten, und boten es ihm an. Und alle machten ihm Zeichen, daß sie als Bezahlung nichts weiter verlangten als einen einzigen Heller."[2]

Leider besaß Nils Holgersson nicht eine einzige armselige Münze, und so bleibt nur die Hoffnung, daß vielleicht einer der Leser in einer Mondnacht das aus dem Meer aufgetauchte Vineta endlich befreien kann. Wer aber die Stadt bei Wollin vergeblich suchen sollte, mag auch bei dem Ort Dammerow vor den Toren Wolgasts nach ihr suchen; denn auch dorthin hat sie die Sage verlegt.

Die nächste Station in zeitlicher Reihenfolge ist ein riesiges Kreuz aus weißem Granit. Es steht in der Stadt Usedom und bezeichnet seit 1928 die Stelle, an der genau achthundert Jahre zuvor am Pfingsttag 1128 die Führer der Slawen in Westpommern das Christentum annahmen und von Bischof Otto von Bamberg, dem „Apostel von Pommern", wie er auch genannt wird, die Taufe empfingen. Ihm folgten bald missionierende Mönche, und schon 1156 erbauten Prämonstratenser, die von Magdeburg aus die Christianisierung Norddeutschlands betrieben, das Kloster Grobe, das zu Beginn des 14. Jahrhunderts nach Pudagla verlegt wurde. Das Klostergebäude blieb auch nach Auflösung des Konvents in der Reformationszeit erhalten, da ein Pommernherzog es als Schloß umbauen ließ. 1302 hatten auch Zisterzienserinnen in Krummin ein Kloster errichtet.

Der Literaturkenner wird bei der Nennung dieses Worts daran denken, daß an der seit dem 16. Jahrhundert ebenfalls protestantisch gewordenen gotischen Kirche des Klosters von 1827 bis 1844 Wilhelm Meinhold als Pfarrer wirkte. Er veröffentlichte 1843 den Roman „Maria Schweidler, die Bernsteinhexe. Der interessanteste aller bisher bekannten Hexenprozesse, nach einer defecten Handschrift ihres Vaters, des Pfarrers Abraham Schweidler in Coserow auf Usedom". Es ist die Geschichte eines jungen Mädchens, das während des Dreißigjährigen Krieges zum unschuldigen Opfer des Hexenwahns wird und das buchstäblich in letzter Minute durch das beherzte Eingreifen eines jungen Adligen vor dem Feuertod bewahrt wird. Meinhold hatte seine Erzählung ursprünglich anonym veröffentlicht. Sie ahmte sprachlich so einfühlend und geschickt den Ton einer alten Chronik des 17. Jahrhunderts nach, daß man sie für einen authentischen Bericht hielt. Als die Wahrheit bekannt geworden war, galt der Roman als Muster einer Chronik-Erzählung, wie sie nach Meinhold von Theodor Storm, Wilhelm Raabe und anderen großen Erzählern des Realismus gern geschrieben wurden. Die „Bernsteinhexe" erlebte bis heute mehr als dreißig Auflagen. Meinhold versuchte sich noch mit einem ähnlichen Roman „Sidonia von Bork, die Klosterhexe, angebliche Vertilgerin des gesamten herzoglich-pommernschen Regentenhauses", dem aber trotz mancher Qualitäten nicht mehr der gleiche Erfolg beschieden war. In einigen wenigen Szenen der „Bernsteinhexe" spielt auch die große Ge-

Gustav II. Adolf von Schweden, Stich von Anthonis van Dyck

schichte in die kleine Welt des Pfarrers Schweidler und seiner Tochter hinein, so etwa in der Schilderung von der Landung König Gustavs II. Adolf an der Küste Usedoms:

„Hierzwischen feierten wir auch an dieser öden Küsten, so gut wir kunnten und mochten mit der ganzen protestantischen Kirchen den 25sten Tag mensis Junii, wo für nunmehro 100 Jahren die Stände des Heil.Römischen Reichs den großmächtigsten Kaiser Carolo V ihre Confession zu Augsburg fürgeleget, und hielte ich die Predigt über Matth. 10,32. von der rechten Bekenntnüß unsers Herrn und Heilandes Jesu Christi, worauf die ganze Gemeinde zum Nachtmahl ging. Doch gegen den Abend desselbigen Tages, als ich mit meinem Töchterlein zur Seehe gespazieret war, sahen wir umb den Ruden viele hundert Masten von großen und kleinen Schiffen, höreten auch ein merklich Schießen und judicirten alsbald daß es der großmächtigste König Gustavus Adolphus sein möchte, so nunmehro, wie er versprochen, der armen, bedrängeten Christenheit zur Hülf käme. Im währenden Judiciren aber segelte ein Boot von der Oie heran, worinnen Käthe Berowsche ihr Sohn saß, so dorten ein Bauer ist und seine alte Mutter heimbsuchen wollte. Selbiger verzählete, daß es würklich der König wär, so diesen Morgen von Rügen mit seiner Flotte den Ruden angelaufen, allwo ein paar Oier Leut gefischet und gesehen, daß er alsofort mit seinen Officirers an das Land gestiegen, und alldort mit geblössetem Haupt auf sein Knie gefallen sei.

Ach du gerechter Gott, da hatte ich unwürdiger Knecht am lieben Abend noch eine größere Jubelfreude, denn am lieben Morgen, und kann man leichtlich bei sich selbsten abnehmen daß ich nicht angestanden, mit meim Töchterlein alsofort auch auf meine Knie zu fallen, und es dem König nachzuthun. Und weiß Gott, ich hab in meinem Leben nicht so brünstig gebetet denn diesen Abend wo der Herr uns ein sollich Wunderzeichen fürstellete, daß der Retter seiner armen Christenheit gerade anlagen mußte an dem Tag, wo sie ihm aller Orten umb seine Gnad und Hülfe für des Pabstes und Teufels Mord und List auf ihren Knien angeschrien hatten. Konnte auch die Nacht darauf für Freuden nicht schlafen, besondern ging schon zur frühen Morgenzeit nach der Damerow, wo Vithen seinem Jungen etwas angekommen war. Gläubete schon es würd auch Zauberei sein, aber es war dieses Mal keine Zauberei, angesehen der Junge in der Heiden etwas Schlimmes gefressen hatte. Was es für Beeren gewest, kunnte er nit mehr sagen, doch zog das Malum so ihm das Fell ganz roth wie Scharlach gemachet, alsbald fürüber. Als ich darumb bald hernacher den Heimweg antrate, begegnete ich einem Boten von Peenemünde so Ihro Majestät der großmächtigste König Gustavus Adolphus an den Amtshaubtmann gesendet, daß er ihme am 29. Juny um 10 Uhren Morgens sölle drei Wegweiser bei Coserow gestellen, um es Er Majestät durch die Wälder nach der Swine zu geleiten, allwo die Kaiserlichen sich verschanzt hatten. Item verzählete er, daß Ihro Majestät schon gestern die Schanze zu Peenemünde eingenommen (was wohl das Schießen bedeutet, so wir den Abend zuvor gehöret) und hätten die Kaiserlichen gleich Allens verlaufen, und die rechten Buschreuter gespielet. Denn nachdeme sie ihr Lager in Brand gestecket, wären sie zu Busch gesprungen umb zum Theil nacher Wolgast, zum Theil nach der Swine zu entkommen.“[3]

Der Schwedenkönig hatte seine Flotte an der Küste der Insel Rügen zusammengezogen und war mit ihr nach Usedom übergesetzt. Er war 36 Jahre alt und, wie die Zeitgenossen feststellten, eine sehr sympathische Erscheinung, vom Vater systematisch seit frühester Jugend auf sein hohes Amt vorbereitet. Er galt gewiß als Kämpfernatur, aber auch geprägt von seiner religiösen Überzeugung und dem Verlangen, dem Protestantismus im Reich zu helfen. Mit seiner Landung auf Usedom trat der große Krieg in eine neue Phase. Nur zwei Jahre lang war es dem König vergönnt, das Kriegsgeschehen maßgebend zu bestimmen. Vielleicht hatte er schon von der deutschen Kaiserkrone geträumt, doch dann büßte er am 16. November 1632 in der Schlacht von Lützen sein Leben ein, und mit ihm verloren die Protestanten in Deutschland ihre große Hoffnung.

Dreihundert Jahre später gewann der Name des kleinen Ortes Peenemünde an der Westspitze von Usedom wieder in einem Krieg Bedeutung, als während des Zweiten Weltkrieges in der dort errichteten Raketenversuchsstation die berüchtigten V2–Raketen entwickelt und hergestellt wurden, die man seit dem Herbst 1942 gegen England abschoß. Nach dem Krieg war Peenemünde dann Standort der DDR-Volksmarine, so daß die wenigen nicht gesprengten Gebäude nach mehr als fünfzig Jahren erst heute wieder frei zugänglich und zu besichtigen sind.

Von Peenemünde aus kehren wir über die Brücke nach Wolgast zurück, um an Wrangelsburg und Karlsburg vorbei nach Anklam zu fahren. In beiden Orten gibt es Barockschlösser zu besichtigen; das eine ließ sich der schwedische General Wrangel 1652 erbauen, das andere ist achtzig

Anklam, Stich (um 1650) von M. Merian in der „Topographia Germaniae"

Jahre jünger. Dann kommt schon Anklam nahe der Mündung der Peene in das Oderhaff, wo diese dann als Peenestrom die Insel Usedom vom pommerschen Festland trennt. Ihren Namen verdankt die Stadt dem slawischen Wort Taglim-Tancklim (ein Personenname), der bei der Eindeutschung sein T verlor. Die heutige Industriestadt wurde im 13. Jahrhundert im Zuge der Ostsiedlung gegründet und trat schon 1283 der Hanse bei. Noch sind Teile der wehrhaften mittelalterlichen Stadtbefestigung erhalten, so etwa der Backsteinbau des 32 Meter hohen Steintors. Der Zweite Weltkrieg hat schwere Wunden geschlagen, und noch mahnt am Nikolaiplatz die Ruine der St. Nikolaikirche an dieses Geschehen.

Otto Lilienthal

Zerstört wurde auch das Geburtshaus von Anklams berühmtestem Sohn Otto Lilienthal. Die Bürger pflegen eifrig sein Andenken. Ein Denkmal am Markt, eine Büste an der Stelle des Geburtshauses, ein Relief in der Rathaushalle und neuerdings ein eigenes Museum erinnern an den Flugzeugpionier und sein Werk. Lilienthals Ahnen scheinen mit Gustav Adolph von Schweden gekommen zu sein. Nach dem frühen Tode des Vaters blieb die Mutter mit ihren zwei Söhnen aber nicht in der Heimat, sondern übersiedelte nach Berlin, wo Lilienthal dann als Ingenieur eine Fabrik leitete und, unterstützt von seinem Bruder Gustav, sich mit dem Studium des Vogelflugs beschäftigte, mit dem er schon in Anklam begonnen hatte. Daraus entwickelte er dann seine Versuche und baute verschiedene Flugzeugtypen, mit denen er über zweitausend Gleitflüge unternahm. Am höchsten hinauf führte ihn 1896 der letzte – dann stürzte er senkrecht ab und verunglückte tödlich. Seine Versuche und Apparate bildeten eine wichtige Grundlage für die späteren Versuche der Brüder Wright in den Vereinigten Staaten. Über der großartigen Leistung des Flugpioniers sollte man aber nicht vergessen, daß die Lilienthals auch den Steinbaukasten entwickelten, der einmal das Entzücken vieler Kinder war.

Der südwestlich von Anklam zwischen Peene, Tollense und Landgraben gelegene Zwickel wurde einmal „Grafenwinkel" genannt, ein deutlicher Hinweis auf die herrschaftlichen Besitzverhältnisse. Von den Sehenswürdigkeiten und Orten, die in den Fremdenführern genannt werden, sollte man zumindest Spantekow mit seiner Festung besuchen, die aus einer mittelalterlichen Burg hervorgegangen ist und auf eine wechselvolle Geschichte zurückblickt. Wallenstein konnte sie im Dreißigjährigen Krieg nicht erobern, im Schwedisch-Brandenburgischen Krieg nahm der Große Kurfürst Friedrich Wilhelm I. sie den Schweden ab und ließ die Festungswerke schleifen. Im nahen Tal des großen Landgrabens errichtete Ulrich von Schwerin noch die Veste Landskron, die seit Beginn des 18. Jahrhunderts verfiel und heute zu den malerischsten Ruinen Vorpommerns gehört. In Sarnow, nur wenige Kilometer östlich von Spantekow, darf man auf keinen Fall die Kirche versäumen, die leider vom Verfall bedroht ist. Die Grafen von Schwerin hatten unter ihrem Dach auch das Armenhaus oder – vielleicht besser – Altersheim für ehemalige Bedienstete und Landarbeiter mit 16 Doppelzimmern für Ehepaare und 16 Einzelzimmern eingerichtet. Die dort wohnenden Rentner wurden versorgt und erhielten sogar ein kleines Taschengeld. Man kann diese Maßnahme in einer Zeit sozialer Ungerechtigkeit und Not gar nicht hoch genug einschätzen!

Ueckermünde, Stich von E. Lubin, 1617

Das Land westlich und südlich von Anklam wird wirtschaftlich intensiv genutzt, aber auch hier muß die Zukunft erst zeigen, was sich erreichen läßt. Die alte herrschaftliche Gutswirtschaft des Grafenwinkels war 1945 zerschlagen worden. Bis zu neunzig Prozent der ackerbaulich genutzten Fläche kamen in den Besitz der Landwirtschaftlichen Produktionsgenossenschaften, an deren Stelle nun nach und nach die Einzelhöfe treten oder schon getreten sind. Auf der Hälfte der Anbaufläche gedeiht Getreide; Hackfrüchte und Zuckerrüben treten etwas zurück; im Südwesten dominiert der Flachsanbau.

Nach Osten zu erstreckt sich im Hinterland der Haffküste die Ueckermünder Heide. Ihren Namen erhielt sie nach dem Städtchen Ueckermünde, einer alten slawischen Fischersiedlung an der Mündung der Uecker in das Haff, die sich zum Burgflecken und schließlich seit Ende des 13. Jahrhunderts zur Stadt auswuchs. Trotz der verhältnismäßig günstigen Lage entwickelte sie sich wirtschaftlich nicht besonders weiter. Daß heute der Tourismus dominiert, verdankt Ueckermünde seiner Lage zwischen dem Meer und der Heide.

Wir wollen hier am Oderhaff unsere Fahrt kurz unterbrechen, den Blick hinausgehen lassen auf die See und einmal die Grenzverhältnisse ganz knapp rekapitulieren. Die polnische Westgrenze, die ja hier in unmittelbarer Nähe verläuft, hat schon bei Mescherin die Oder verlassen, der sie bis dorthin in der neuen Grenzziehung nach 1945 gefolgt ist, sie durchschneidet geradlinig die Ueckermünder Heide, erreicht bei Altwarp das Oderhaff, durchquert westlich von Swinemünde (Świnoujście) die Insel Usedom und kommt dann an die Ostsee. Damit liegt die alte wichtige Handels- und Hafenstadt Stettin (Szczecin) seit 1945 auf polnischem Staatsgebiet. Die alte Landesgrenze zwischen Vor- und Hinterpommern verlief einmal östlich des Haffs. Hinterpommern war schon 1648 an

Brandenburg gefallen, 1720 hatte sich die Grenze nach Westen bis zur Peene verschoben, und schließlich war 1815 ganz Pommern preußisch geworden. Das hinderte aber nicht daran, weiterhin von Vor- und Hinterpommern zu sprechen, bis dann 1945 eben ganz Hinterpommern mit Stettin und Swinemünde Polen zugesprochen und die deutsche Bevölkerung weitgehend vertrieben wurde.

Der Blick nach Osten ist also zugleich ein Blick zurück, um die historischen Zusammenhänge in wenigen groben Zügen richtig zu erfassen. Der bekannte Titel eines Ostpreußenbuches „Namen, die keiner mehr kennt" kann dabei auch als Motto für die folgende kurze Betrachtung dienen; denn auch hier sind ein paar Namen zu nennen, die kaum noch jemand kennt. Der alte Begriff Hinterpommern wurde in Polen zu Westpommern (Pomorze Zachodnie), während im Gegensatz dazu das östlich anschließende Gebiet von Pommerellen heute offiziell Ostpommern (Pomorze Wchodnie) heißt.

Wie die meisten Städte an der pommerschen Küste hat sich auch Stettin vom slawischen Fischerdorf im Zuge der Ostsiedlung zur deutschen Kaufmannssiedlung gewandelt und erhielt schon 1243 Magdeburger Stadtrecht. Die Slawen siedelten weiterhin nördlich und südlich der neuen Stadt am Ober- und Unterwiek. Innerhalb eines Jahrhunderts stieg Stettin zur größten Stadt Pommerns auf. Heute gibt es dort nur noch

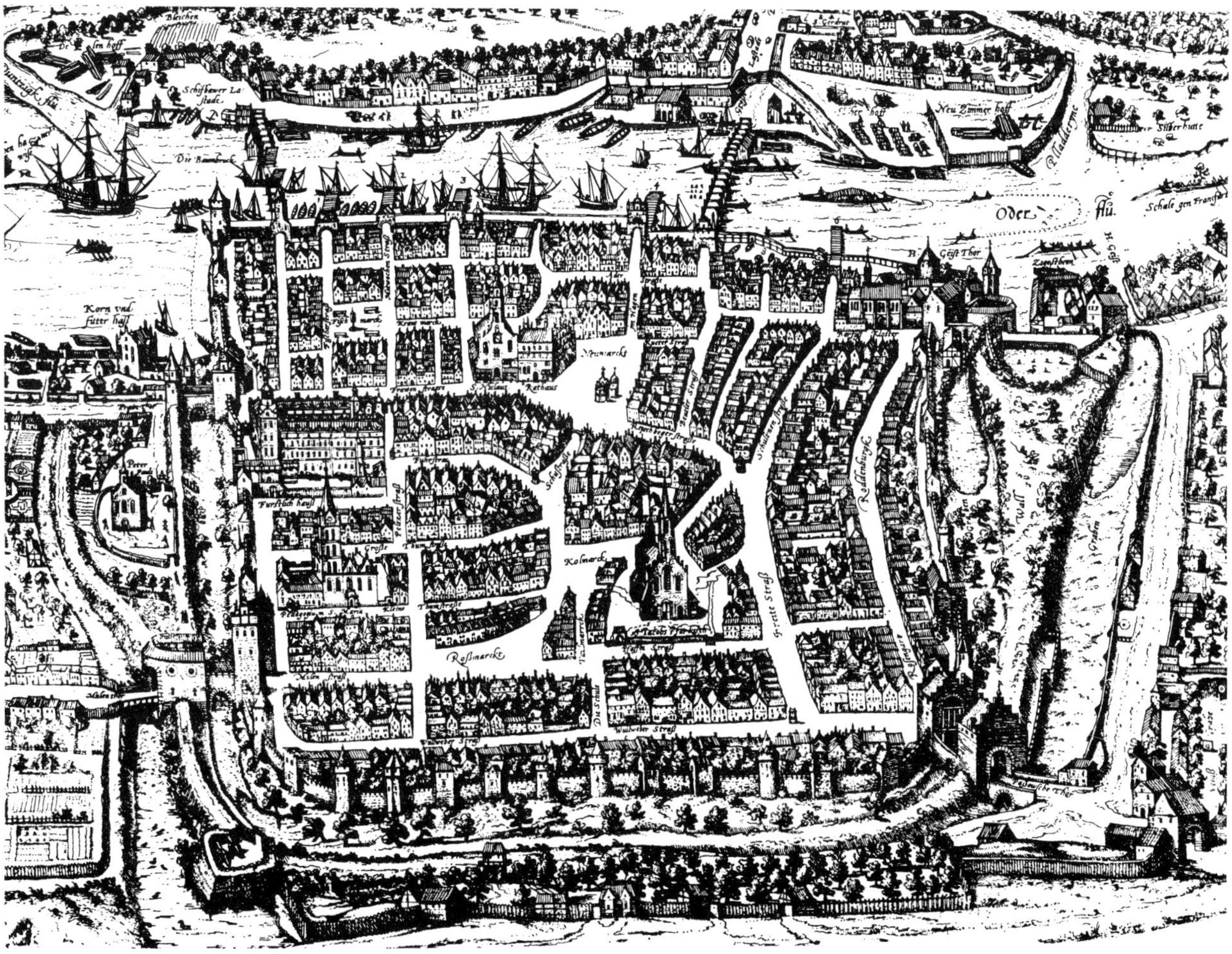

Stettin, Stich (um 1650) von M. Merian in der „Topographia Germaniae"

geringe Spuren dieses mittelalterlichen Ansehens, so etwa die spätgotische Jacobikirche und das alte Rathaus vom Beginn des 15. Jahrhunderts. Das Schloß, in dem die pommerschen Herzöge residierten, wurde erst zum Beginn des 16. Jahrhunderts im Auftrag von Herzog Bogislaw X. errichtet. Alle diese Bauten erlitten im Zweiten Weltkrieg schwerste Beschädigungen und wurden in den siebziger Jahren rekonstruiert. Bis zum Zweiten Weltkrieg war Stettin eigentlich vom Typus her mit Regierungsgebäuden, den Wohn- und Geschäftshäusern eine wilhelminische Stadt geworden. Heute ist es eine moderne polnische Hafen- und Industriestadt, in der auch die Woywodschaft-Behörden ihren Platz gefunden haben. Nur hie und da erinnert noch ein wiederaufgebautes Bürgerhaus wie etwa das Loitz-Haus an die deutsche Vergangenheit; an bedeutende polnische Persönlichkeiten wie etwa den romantischen Dichter Adam Mikkiewicz erinnern moderne Denkmäler. Der Kenner mag vielleicht auch an den einen oder anderen deutschen Namen denken, wie etwa beim Besuch der Jacobikirche an den Komponisten Carl Loewe, der von 1820 bis 1866 als städtischer Musikdirektor und Organist in Stettin wirkte und der während dieser Zeit zahlreiche bekannte Balladen vertonte. Wer kennt aber noch einen Carl Ludwig Schleich, der 1859 als Sohn eines Arztes in Stettin geboren wurde, später selbst als bedeutender Arzt in Berlin wirkte, der aber auch durch seine Dichtungen und vor allem durch seine Autobiographie hervortrat, die zu den schönsten und zugleich köstlichsten ihrer Art gehört, heute aber leider weitgehend in Vergessenheit geraten ist? In ihr gibt er auch ein etwas poetisch-verklärtes Bild der Lebenswelt im alten Stettin vor dem Ersten Weltkrieg.

Von manchem Ort Hinterpommerns, den wir noch auf der Karte aufsuchen, blieb nur wenig erhalten, und immer wieder vermerken die modernen Reiseführer, daß die alten Wohnbezirke größtenteils durch Kriegseinwirkungen zerstört wurden. In der Tiefebene südöstlich von Stettin gehören Pyritz (Pyrzyce) und Stargard (Stargard Szecinski) dazu. Immerhin erinnern im letzteren wenigstens noch ein paar erhaltene Baudenkmäler wie die mächtige Pfarrkirche St. Marien, das Rathaus und nicht zuletzt die fast vollständig erhaltene Stadtbefestigung an die große Vergangenheit Stargards, das ja einmal wirtschaftlich mit Stettin konkurrierte.

Nicht viel besser liegen die Verhältnisse bei den Küstenorten. Da sind einmal das ehemalige Cammin (Kamieñ Pomorski) und Kolberg (Kolobrzeg) und etwas ins Innere abgesetzt Köslin (Koszalin) und Stolp (Slupsk) als die vier wichtigsten, mit denen wir uns bei diesem kurzen Überblick auch schon begnügen sollten. Etwa auf halbem Wege zwischen Stargard und Cammin liegt das kleine Städtchen Naugard, und dort wiederum in der Nähe lag jenes Gut Kniephof, auf dem Otto von Bismarck seine Jugend verbrachte, nachdem seine Eltern von Schönhausen an der Elbe auf ihre Güter nach Hinterpommern übersiedelt waren.

In Cammin residierten im frühen Mittelalter die Herzöge von Pommern. Später wurde die Stadt ein bedeutender Bischofssitz und erhielt eine entsprechend aufwendige Kathedrale, einen beeindruckenden Backsteinbau, der zu den schönsten Kirchen in ganz Pommern gezählt wurde.

Die größte Küstenstadt ist das ehemalige Kolberg, das 1945 fast völlig zerstört wurde, dessen alte Denkmäler aber heute sorgfältig wieder aufgebaut sind. Die Zerstörung erfolgte zu einem Zeitpunkt, als die Stadt zum makabren Symbol des Durchhaltewillens in den letzten Kriegswochen hochstilisiert wurde. Auf Befehl des Propagandaministers Göbbels wurde unter der Regie von Veit Harlan mit dem unvergeßlichen Heinrich George in der Hauptrolle und mit einem riesigen Komparsenaufgebot der Spielfilm „Kolberg“ gedreht und Anfang 1945 schon beinahe wie zum Hohn in der von den Russen eingeschlossenen „Festung“ Breslau uraufgeführt. Im Mittelpunkt des Filmes standen die Belagerung der Stadt durch französische Truppen 1806/07, die durch General Gneisenau und dem Bürgermeister Joachim Nettelbeck erfolgreich bis zum Abschluß des Tilsiter Friedens gehalten werden konnte. Dieser Nettelbeck war ein bemerkenswerter Mann, der sich in seinen jungen Jahren als Seefahrer, sogar als Sklavenhändler auf den Weltmeeren herumgeschlagen und es erst später als Branntweinbrenner in Kolberg bis zum Bürgermeister gebracht hatte. Er schrieb eine originelle, ungemein lebendige und informative Autobiographie, die einmal viel gelesen wurde. Hier soll mit der kurzen Episode aus der Belagerungszeit an ihn und sein Werk erinnert werden:

„Da geschah es, daß eine Bombe, verderblicher als alle übrigen, in denjenigen Teil des Rathauses niederfuhr, wo sich die Ratswaage befand, und ein hell aufflackerndes Feuer war die unmittelbare Folge ihres Zerspringens. Als naher Nachbar sprang ich auf, um, was ohnehin mein angewiesener Beruf war, schnelle Anstalten zur Brandlöschung zu betreiben; denn an der Erhaltung des ansehnlichen Gebäudes, in welchem unsere Stadtarchive und so viel andere Sachen von Wert aufbewahrt lagen, mußte uns allen vorzüglich gelegen sein. Aber rundum in meiner Nach-

Kolberg, Stich (um 1650) von M. Merian in der „Topograhia Germaniae“

barschaft regte sich keine menschliche Seele zum Löschen und Retten. Ich rannte hierhin und dorthin zu den nächsten Bekannten, braven und wackeren Männern, um sie zur Hilfe aufzurufen, aber schlaftrunken und ohne Gefühl für die drohende Gefahr war mein Bitten und Ermuntern ebenso umsonst wie mein Toben und Schelten. Sie schlummerten fort und ließen es brennen.

In steigender Angst lief ich auf die Brandstätte zurück, um Anordnungen zu treffen, die zu noch möglicher Bewältigung des Feuers mit jedem Augenblick dringender wurden. Was mir begegnete, packte ich an, um Hand anzulegen; aber kaum einer der anderen schien auf mein flehentliches Ermahnen zu achten. Ein vierschrötiger Kerl, den ich nicht kannte, und dem ich auf diese Weise einen gefüllten Löscheimer aufdrang, nahm ihn und schlug ihn mir samt seinem nicht gar saubern Inhalt geradezu um die Ohren, so daß ich fast die Besinnung verlor und, verbunden mit dem übrigen Schmutz und Ruß, womit ich bedeckt war, wohl eine sehr jämmerliche Figur machen mochte.

Alles dies achtete ich jedoch weniger als das Unglück, das dem Rathause bevorstand, und da ich wohl einsah, daß unter den gegenwärtigen Umständen eine wirksame Hilfe allein vom Militär ausgehen könne, so hastete ich mich, das nächste Wachhaus auf dem Walle zu erreichen und dort den kommandierenden Offizier um schleunigen Beistand zu bitten. Wild stürmte ich in das halbdunkle Wachzimmer hinein. Ich sehe auf der hölzernen Pritsche sich eine Gestalt regen, die ich zwar nicht erkenne, aber sie für den Mann haltend, den ich suche, von ihrem Lager aufschreie, indem ich rufe: ‚Bester Mann, zu Hilfe! Das Rathaus steht in Flammen!‘

Aber weniger mein Schrei als mich selbst und mein Jammerbild beachtend, erhebt sich der Offizier mir gegenüber, schlägt die Hände zusammen und spricht: ‚Ach, du armer Nettelbeck!‘ – Jetzt erst an der Stimme erkenne ich ihn – es ist Gneisenau! Er hört, er erfährt, er gibt mir einen Adjudanten samt einem Tambour mit; die Lärmtrommel wird gerührt; Soldaten erscheinen, Patroullien durchziehen die Straßen, kräftigere Löschanstalten kommen in Bewegung, die zwar den Brand nicht mehr zu unterdrücken vermögen, aber ihm doch dergestalt ein Ziel setzen, daß wenigstens doch zwei Seiten des ein großes Viereck bildenden Gebäudes erhalten werden.“[4]

Etwas landeinwärts von Kolberg liegen Köslin, das sich von der bedeutenden mittelalterlichen Handelsstadt und dem späteren Sitz des Fürstbischofs nach einer schweren Brandkatastrophe zu Beginn des 18. Jahrhunderts zu einer preußischen Beamtenstadt gewandelt hatte, und Stolp, die alte Hansestadt mit ihrem rekonstruierten Renaissanceschloß. Nur ein Ortsname bleibt aus dieser Gegend im allgemeinen Bewußtsein. Es ist Darlowo, das alte Rügenwalde, auch einmal eine Hansestadt. In der Kirche Sankt Marien ruht jener Herzog Erich von Pommern, der 1412 bis 1439 als Erik VII. König von Dänemark und Schweden war, abgesetzt wurde, und danach noch jahrelang von Gotland als Seeräuber die Ostsee unsicher machte, bis er sich schließlich zurückzog und 1459 in Rügenwalde starb. Aber nicht durch ihn blieb der Name in Erinnerung, sondern ganz prosaisch durch eine Wurstmarke.

Nach dieser kleinen Abschweifung auf der Landkarte kehren wir noch

Mecklenburg-Vorpommern ist eine von der Landwirtschaft geprägte Region. Sowie man die Küste mit ihren Urlaubsorten und Hansestädten verläßt, lernt man ein ländliches Norddeutschland kennen, dem traditionell Rückständigkeit nachgesagt wird. Die Leibeigenschaft wurde in Vorpommern erst 1806 aufgehoben, in Mecklenburg sogar erst 1820. Otto von Bismarck soll einmal gesagt haben, wer den Weltuntergang ohne Schädigung überstehen wolle, der müsse nach Mecklenburg ziehen; denn dort merke man das öffentliche Geschehen erst ein Jahrhundert später als auf der übrigen Erde.

Die kleine Stadt Wolgast am Peenestrom ist das nördliche Tor zur Insel Usedom. Die ehemalige Hansestadt ist traditionell dem Schiffbau verbunden, aus der Peenewerft stammen die Küstenmotorschiffe, die die Ostsee und das Oderhaff befahren.

Unten: Peenemünde im Norden der Insel Usedom genießt einen zweifelhaften Ruhm. Ab 1936 war hier die Heeresversuchsanstalt der Nationalsozialisten beheimatet. Unter Leitung des aus einem alten pommerschen Adelsgeschlecht stammenden Freiherrn Wernher von Braun wurde in Peenemünde die erste automatisch gesteuerte Flüssigkeitsgroßrakete entwickelt. Vor allem bei den verheerenden Großangriffen auf London kam dieser Waffentyp zum Einsatz. 1945 wurde die Anlage durch die Rote Armee gesprengt. Zu DDR-Zeiten war Peenemünde als Standort der Volksmarine Sperrgebiet. Heute kann man sich in einem kleinen „Historisch-technischen Informationszentrum" über die Geschichte des Ortes und der Raumfahrttechnik informieren.

Rechts: Die Insel Usedom – 445 km² groß, von denen rund 20 Prozent zu Polen gehören – ist landschaftlich ebenso reizvoll und abwechslungsreich wie ihre große Schwester Rügen. Während die Binnenseite stark gegliedert und zerklüftet ist, hat sich zum offenen Meer hin eine sanft geschwungene, einheitliche Küstenlinie mit herrlichen Stränden gebildet. Wie hier bei Koserow ist die Küste zum Teil von schönen Laub- und Mischwäldern gesäumt.

Ahlbeck, Heringsdorf und Bansin, Usedoms „drei Schwestern“, sind durch eine zehn Kilometer lange Strandpromenade miteinander verbunden. In Ahlbeck wurde 1852 der offizielle Badebetrieb aufgenommen, 1898 konnte die markante Seebrücke eingeweiht werden, die Usedoms größtem Seebad einen englischen Touch verleiht. Das Restaurant auf der Seebrücke ist seit 1900 in Betrieb.

In dem um 1800 gegründeten ehemaligen Fischerdorf Ahlbeck hat der Tourismus längst den Fischfang als wichtigen Wirtschaftszweig abgelöst. Bereits im Jahre 1908 heißt es in einer Broschüre, daß „die 2.143 evangelischen Einwohner des durch Dünen und Wald geschützten Fischerdorfs Ahlbeck 12.000 Kurgäste beherbergt“ haben. Der kommerzielle Fischfang, der einst die Lebensgrundlage der Usedomer bedeutete, ist vor allem durch die Verschmutzung der Oder und damit des Oderhaffs nicht mehr in nennenswertem Maße möglich.
Die drei Meter hohe Jugendstiluhr aus dem Jahre 1919, die den Zugang zur Ahlbecker Seebrücke schmückt, wird von einer Wetterfahne in Gestalt einer Kogge gekrönt.

Bansin ist das jüngste der Usedomer Seebäder, es wurde 1887 zum Bade- und Kurort erklärt. Aus dieser Zeit stammen noch zahlreiche Pensionen und Hotelvillen im Stil der wilhelminischen Bäderarchitektur. Während Heringsdorf als „das elegante Bad von Weltruf" galt und Ahlbeck sich als „Bad des guten Mittelstands" anpries, legte Bansin Wert darauf in den Prospekten als „Deutsches Ostseebad, mit christlichen Häusern in bester Lage" zu gelten.

Von Ahlbeck bis nach Zinnowitz erstrecken sich dreißig Kilometer feinsten Sandstrands. Auch wenn keine Badesaison ist, lädt der Strand zu langen Spaziergängen, zum Möwenfüttern oder Bernsteinsammeln ein. Das „Gold der Ostsee" wird sommers wie winters von unermüdlichen Strandläufern – mit mehr oder weniger Erfolg – gesucht.

Wer in Mecklenburg-Vorpommern übers Land reist, der wird immer wieder Zeugnissen der Backsteingotik begegnen, sei es als prachtvolle Stadtkirchen oder, wie hier, als Reste der einstigen Stadtbefestigungen. Der Kunsthistoriker Georg Dehio hat diese Bauweise charakterisiert als „selbstbewußt ohne Selbstgefälligkeit, sachlich ohne Nüchternheit, ernst ohne Kühle, streng ohne jegliche Anwendung von Askese, kühn im Großen und haushälterisch im Kleinen, besonnen, immer geradeaus auf die Hauptsache gerichtet.“ In Usedom, mit knapp dreitausend Einwohnern Hauptort der gleichnamigen Insel, blieb der mit weißen Blenden verzierte Anklamer Torturm aus dem 15.Jh. erhalten. Die spätgotische Marienkirche von 1475 wurde Ende des 19.Jh. erneuert.
Links: Pasewalk, am Nordrand der Uckermark, war einst von einer fast 2,5 Kilometer langen Befestigung umgeben. Die vier spätgotischen Backsteintürme, die heute noch zu sehen sind, stammen aus dem 15.Jh. Eine ungewöhnliche Form weist der dreigliedrige Mühlentorturm auf.

Auch das im ehemaligen Großherzogtum Mecklenburg-Strelitz gelegene Friedland besitzt noch Reste der Stadtmauer und bemerkenswerte mittelalterliche Stadttore, so das wuchtige Anklamer Tor aus dem 14.Jh., dessen quadratisches Haupttor von zwei Rundtürmen umrahmt wird. Rechts: Wahrzeichen der alten Hansestadt Anklam ist das 32 Meter hohe Steintor aus der Mitte des 15.Jh. In der Peenestadt kam 1848 der Flugpionier Otto Lilienthal zur Welt. An ihn erinnert das 1982 von Walter Preik geschaffene weiße Denkmal.

Zwei Kilometer von der Mündung der Uecker in das Oderhaff liegt Ueckermünde, dessen Burg bereits 1178 urkundlich erwähnt wird. Die mittelalterliche Burg mußte 1540 einem Schloß weichen, bei dessen Bau der alte Bergfried miteinbezogen wurde. Von den ehemals vier Flügeln des Renaissanceschlosses blieb nur der südliche erhalten. Der Aufstieg auf den Schloßturm bietet einen schönen Blick auf das Oderhaff und die Ueckermünder Heide.

Wer sich Zeit nimmt, der wird in der Küstenlandschaft Mecklenburg-Vorpommerns an den zahlreichen Haffs und Bodden so manchen abgeschiedenen Ort finden, der vom Tourismus noch unentdeckt ist. Und vielleicht werden an solch einem schönen Flecken auch die Sätze Fritz Reuters aus dem Jahre 1864 wieder wach:
„As uns' Herrgott de Welt erschaffen ded, fung hei bi Meckelnborg an, un tworsten von de Ostseesid her ...".

Links: Das kleine Städtchen Woldegk am Rande der Ueckermark wurde 1236 durch Fürst Heinrich von Mecklenburg planmäßig angelegt. Die spätgotische Hallenkirche brannte im Zweiten Weltkrieg bis auf die Umfassungsmauern nieder. Sie wurde ab 1950 in ihrem Bestand gesichert und bis 1957 unter Verzicht auf die Einwölbung wiederaufgebaut. Die Befestigungsmauer aus Feldsteinen, die zum Teil noch erhalten ist, stammt aus der Zeit um 1300.
Oben: Eine eigenwillige Architektur bietet das Dorf Wolfshagen südöstlich von Woldegk. Bei den zwischen 1830–40 enstandenen Gebäuden des dortigen Gutshofs wurden romanische und gotische Stilelemente verwendet. Auch der zum Gut gehörenden kleinen Kirche sieht man nicht an, daß sie aus dem Jahre 1857 stammt.
Rechts: Eine Besonderheit in Wolfshagen ist auch die Königssäule, eines der seltenen Denkmale für die 1808 durch den Freiherr von Stein in Preußen eingeführten Reformen. Seit 1720 gehörte der südliche Teil Vorpommerns zu Brandenburg-Preußen, 1815 wurde ganz Pommern Preußen zugesprochen.

Von dem ehemaligen Residenzschloß in Neustrelitz, das im April 1945 durch Bombenangriffe völlig zerstört wurde, blieb nur die Parkanlage erhalten, die zu den schönsten in Mecklenburg-Vorpommern gehört. Der ursprünglich im Barockstil angelegte Park wurde nach 1820 in einen englischen Landschaftsgarten umgewandelt.
Die Orangerie aus dem Jahre 1755 ließ Großherzog Georg 1842 zu einem Gartensalon umbauen. Der Oberbaurat Friedrich Wilhelm Buttel leitete zahlreiche Um- und Neubauten der damaligen Zeit.
Bei der klassisizistisch gestalteten Orangerie standen ihm Karl Friedrich Schinkel und Christian Daniel Rauch zur Seite.
In zweien der Räume ist bereits seit 1920 ein Restaurant eingerichtet, das auch zu DDR-Zeiten zu den elegantesten Mecklenburgs gehörte.

Bei der Neugestaltung der Orangerie erhielten drei große, elegante Säle Deckenmalereien nach pompejanischen Motiven. Die Wände stattete man mit Arkaden und Nischen aus, in denen Kopien antiker Statuen untergebracht wurden. Eine Hebe-Statue des italienischen Meisters des Klassizismus Antonio Canova schmückt den Rundtempel im Schloßpark – allerdings nur als Kopie. Das 1796 enstandene Original ist im Besitz der Berliner Nationalgalerie. Der Hebe-Tempel bildet den Abschluß der vom ehemaligen Schloß ausgehenden Hauptachse des Neustrelitzer Parks.

Zur Feldberger Seenlandschaft gehört auch der Carwitzer See. Der Ort Carwitz, heute ein Teil des Städtchens Feldberg, ging in die Literaturgeschichte ein. Hierhin hatte sich der Schriftsteller Hans Fallada von 1933–44 vor den Nationalsozialisten zurückgezogen; hier entstanden zahlreiche seiner Romane, u. a. „Wer einmal aus dem Blechnapf frißt" und „Wolf unter Wölfen". In der schwierigen Zeit nach Kriegsende wurde Fallada sogar von den Russen für einige Monate als Bürgermeister von Carwitz verpflichtet. Sein Arbeitszimmer in dem Carwitzer Haus kann besichtigt werden.
Rechte Seite: Das Schöne mit dem Nützlichen verbunden findet man auf einigen Wiesen Mecklenburg-Vorpommerns, deren lilafarbene Facelia-Pflanzen als Gründünger und Bienenweide angebaut werden.

Die Mitte des 13. Jahrhunderts als Palisadenzaun begonnene Stadtbefestigung von Neubrandenburg wurde um 1300 durch eine mächtige Mauer aus Feldsteinen ersetzt. Zur 2,3 Kilometer langen Mauer gehörten vier prachtvolle Tore und 53 Wiekhäuser. Diese Ausbauten wurden wehrfähigen Bürgern zur Verteidigung der Stadt zugewiesen. Trotz weitreichender Zerstörung Neubrandenburgs im Zweiten Weltkrieg blieb die historische Stadtbefestigung größtenteils erhalten bzw. konnte rekonstruiert werden.

Fritz Reuter, der sich um die mecklenburgische Literatur und Sprache auf unnachahmliche Weise verdient gemacht hat, lebte von 1856–63 in Neubrandenburg. Die Stadt hat ihm und seinem Werk zwei Denkmäler gesetzt. Der Mudder-Schulten-Brunnen zeigt zwei Figuren aus Reuters Roman „Dörchläuchting". Die Durchlaucht in Reuters Werk ist Herzog Adolf Friedrich IV., der sich den Zorn der Bäckersfrau Mudder Schulten zulegte. Er hatte bei ihr in den Jahren 1766/67 Brot bezogen, ohne dafür zu zahlen. Die Auseinandersetzung zwischen den beiden ist auf dem Brunnen, den Wilhelm Jäger 1920 schuf, dargestellt. Die Inschrift auf dem Sokkel des Denkmals ist ein Zitat aus Reuters Roman: „Impertinentes Frauenmensch! rep hei un stödd ehr de Reknung ut de Hand".
Das Reuter-Denkmal mit der bronzenen Figur des in Stavenhagen geborenen Dichters wurde 1893 von Martin Wolff geschaffen.
Rechts: Die Stadttore Neubrandenburgs zählen zu den großartigsten Leistungen mittelalterlicher Wehrbaukunst. Zu den vier reich verzierten Tortürmen gehört auch das viergeschossige Treptower Tor mit Staffelgiebel, das um 1400 entstand. Das zweigeschossige Vortor stammt aus der Mitte des 15.Jh.

„Die vier Tore sind wunderbare Proben der Backsteingotik, im Vergleich zu anderen elegant, als wären sie mehr zur Zier als zur Wehr da" beschrieb Ricarda Huch die Neubrandenburger Stadttore. Eine besondere Zier trägt das um die Mitte des 14. Jahrhundert entstandene Stargarder Tor. Der Stadt entgegen strecken neun weibliche Figuren ihre weit geöffneten Arme aus. Wer genau hinschaut, der sieht, daß diese sogenannten Adorantinnen in ihren steifen Plisseekleidern von unterschiedlicher Größe sind.

einmal kurz nach Ueckermünde zurück. Den Weg von Stettin hierher nahm 1945 auch Ehm Welk, der nach einem Jahr Aufenthalt in der Stadt nach Schwerin und dann nach Doberan ging, wo er seinen Lebensabend verbrachte. Welk war kein gebürtiger Pommer, vielmehr wurde er 1884 in Biesenbrow in der brandenburgischen Uckermark geboren. Er wurde Journalist und Schriftsteller; von den Nazis wegen seiner kritischen Einstellung gegenüber dem Hitler-Regime verfolgt, hatte er im Dritten Reich nur eingeschränkte Schreiberlaubnis. Und doch entstanden gerade in dieser Zeit seine drei schönsten und mit Recht auch bekanntesten Romane, 1937 „Die Heiden von Kummerow", 1938 die „Lebensuhr des Gottlieb Grambauer" und 1943 „Die Gerechten von Kummerow". In ihnen gelang es Welk in der Nachfolge von Fritz Reuter das bäuerliche und dörfliche Leben in Pommern meisterhaft zu erfassen. Sein Kummerow ist nicht unmittelbar gleichzusetzen mit dem gleichnamigen kleinen Ort am Süden des Kummerower Sees, es ist eigentlich kein fester geographischer Punkt, sondern der Inbegriff eines Dörfchens in Pommern, einer kleinen Welt, die doch für eine große stehen kann, für Menschen mit all ihren Schwächen, aber glücklicherweise auch mit ihren Vorzügen. Es ist ein pommerscher Mikrokosmos voll volkstümlichem Humor und zeitlos in der Aussage. Wer wissen möchte, wie es in Kummerow zugeht und dort aussieht, mag das der folgenden Schilderung entnehmen:

Ehm Welk um 1925

„Kummerow war ein stattliches Dorf, mit seinem großen Platz in der Mitte, von dem fünf Straßen ausgingen, richtig genommen, zweigte die fünfte Straße von der vierten ab, und sie hießen auch gar nicht Straßen, sondern Enden, jede mit etwas Besonderem vor. Zoll-Ende, Spring-Ende, Hirten-Ende, Lehm-Ende und Hof-Ende. Man wohnte einfach an einem Ende. Schilder und Hausnummern gab es nicht. Das ganze Dorf aber lag auf einem breiten Hügel und floß mit allen seinen Enden ins Bruch hinein …

Um den Dorfplatz, den an einer Seite der alte Kirchhof begrenzte, mit seiner hohen und großen Kirche, standen mächtige Linden, auch noch Überreste aus der Heidenzeit. Hatten sie jetzt nur noch eine Kirche in Kummerow, so hatten sie doch zwei Gasthäuser; das feinere hieß Gasthof, das andere Krug. Der Krug gehörte zum Gut und war an einen früheren Landarbeiter des Grafen verpachtet, der Gasthof gehörte einem Bauern. Weshalb die Bauern, wenn sie den Gastwirt ärgern wollten, und das wollten sie oft, in den Krug gingen; die Tagelöhner und Knechte vom Gut ärgerten wieder gern den Krüger und gingen dann in den Gasthof. Dafür waren sie Kummerower, die Arbeiter so gut wie die Bauern. Und so glich sich das alles wieder aus. Der Krüger betrieb in der Gaststube gleichzeitig einen kleinen Handel mit Materialwaren, das waren vor allem Heringe, Petroleum und Branntwein. Es roch bei ihm alles durcheinander, aber das störte keinen. Richtige Kramläden gab es nicht in Kummerow. Jede Woche kam ein Händler mit einem grünen Planwagen, da konnte man alles kriegen, Kaffee und Bücklinge und Käse und Wolle und Holzschuhe, und natürlich auch Hering und Branntwein, wie beim Krüger. Ab und zu kam noch ein Hausierer mit einem Hundefuhrwerk, der nahm Lumpen und altes Eisen und überhaupt alles und gab dafür Bänder und Nadeln und Knöpfe und Johannesbrot und Lakritzen, all die schönen Sachen, die der Hausierer aus einer fernen Welt mitbrachte. Was man sonst zum Leben brauchte, Kartoffeln, Milch und Fleisch, das hatten die Kummerower allein, und wem was fehlte, der lieh es sich vom Nachbarn aus oder lief eben die siebeneinhalb Kilometer nach Falkenberg, wo auch die Post war. Und wer nichts hatte und nichts geliehen kriegte, nun, der aß eben Kartoffeln, die hatte jeder in Kummerow. Auch verlief sich des öfteren ein fremdes Huhn zu solchen Leuten. Hühner sind nun mal dumm; in Kummerow traf das besonders auf die Hühner vom Gutshof zu, von denen fanden um die Erntezeit, wenn bei den Tagelöhnern das Fleisch knapp und die Arbeit reichlich war, jeden abend einige nicht zurück in ihren Stall."[5]

Natürlich werden wir Kummerow, dieses Kummerow, nicht finden, aber die Heiden und die Gerechten gibt es überall, nicht nur in Pommern, und das mag sogar ein Trost sein.

Vor der Weiterfahrt nach Süden sollten wir noch einmal die Landkarte studieren, die alte wie die neue. Der Vergleich zeigt, wie willkürlich hier die Grenzen zwischen Vorpommern und der Mark Brandenburg gezogen wurden. Die alte Grenze deckt sich wieder mit der heutigen. Sie verläuft südlich von Pasewalk, das im Zweiten Weltkrieg fast völlig zerstört wurde und neu und entsprechend steril wieder aufgebaut werden mußte. Nur vier Türme der Stadtbefestigung blieben erhalten. Das 25 Kilometer südlich gelegene Prenzlau hatte bis 1415 zu Pommern gehört und war danach an Brandenburg gefallen. Im Zuge der Gebietsreform von 1949 bzw. 1952 war die Grenze zwischen den Bezirken Neubrandenburg und Frankfurt/Oder nach Süden verlegt worden, so daß Prenzlau ebenso wie das südwestlich davon gelegene Templin wieder zu Pommern kam. Das hat sich mit der Neubildung der Bundesländer erneut geändert, und beide Städte sind nach Brandenburg zurückgekehrt.

Wir verabschieden uns nun von Vorpommern, kehren unsererseits für den Rest der Rundfahrt nach Mecklenburg zurück und kommen in das Gebiet der Mecklenburger Seenlandschaft. Die Geographen trennen dabei zwischen Neustrelitzer Kleinseenlandschaft im Südosten und der sich nach Nordwesten anschließenden Großseenlandschaft, beide ein Produkt der Eiszeit. Seen, Wälder, dazwischen wieder weite Wiesenflächen und Felder bieten ein ungemein abwechslungsreiches Bild, immer noch ohne von den Auswüchsen des Fremdenverkehrs erdrückt zu werden. Wir beginnen bei der Feldberger Seenkette, die eine besondere Vielfalt glazialer Formen aufweist mit Zungenbeckenseen, schmalen und tiefen Rinnenseen, Sandern, Endmoränen, Wäldern und offenem Hügelland, wie man sie am besten vom Reiherberg in einem wundervollen Rundblick überschaut. Zu seinen Füßen liegt das kleine Städtchen Feldberg am Westufer des Haussees, seine idyllische Lage lohnt den Besuch. Wichtiger aber noch ist das (heute eingemeindete) Fischerdorf Carwitz; denn dort treffen wir erneut auf die Spuren Hans Falladas, den wir schon in Greifswald kennengelernt haben. Er hatte sich 1933 von Berlin aus auf Anraten seines Verlegers Rowohlt hierher in die „hintere Provinz" zurückgezogen, um aus der Schußlinie der NS-Behörden zu sein, und ein Haus mit sechseinhalb Morgen Land erworben. Hier lebte er von 1933 bis 1944 und schrieb unter anderem „Wer einmal aus dem Blechnapf frißt" oder die köstlichen „Geschichten aus der Murkelei". Seine Erinnerungen an die Mecklenburger Jahre verarbeitete er in dem autobiographischen Ro-

Hans Fallada 1933

man „Heute bei uns zu Haus", in dem er auch von den ersten Tagen in Carwitz erzählt:

„Jede Woche zwei-, dreimal fahre ich mit Fräulein Wendehals und Uli auf unseren Besitz hinaus, um die Bauarbeiten zu kontrollieren. Nun kenne ich, was ich gekauft habe. In meinen Briefen bereite ich Suse darauf vor, daß bis zum Herbst noch nicht alles in Ordnung kommen wird. Es bleibt Bauerei genug für das nächste Jahr, um das Haus in einen wohnlichen Zustand zu versetzen, von Stall und Scheune ganz zu schweigen. Trotzdem finde ich, ich habe nicht schlecht gekauft.

Andere sind darüber anderer Ansicht. An einem heißen Sommertage trete ich in eine Gastwirtschaft der Stadt Bergfeld, ich lasse mir ein Glas Bier geben. Ein paar Leute sitzen da, ich kenne sie nicht, sie kennen mich nicht, ich bin ein Kurgast für sie. Eine Stimme erhebt sich und spricht: ‚Da hat ja so ‚n Berliner Dösbardel das Haus von den Pendel in Mahlendorf gekauft. Zwölftausend Mark soll er dafür gegeben haben. Daß die Dummen nicht alle werden!'

‚Dat segg man, Päule!' stimmt der Wirt eifrig zu. ‚Zwölfdusend Mark – und is doch bloß ‚ne Baracke, die alle Tage einfallen kann! Herrgott, wie groß ist dein Tiergarten!'

‚Meine Herren!', sprach ich hoheitsvoll. ‚Der Dösbardel aus unseres Herrgotts Tiergarten – der bin ich!'

Sah sie alle der Reihe nach sehr an und verschwand unter tiefem Stillschweigen.

Alle drei fahren wir nun durch das sommerliche Land Mahlendorf zu. Das Land sieht flach aus, ab und zu liegt zwischen den reifenden Feldern ein dunkler Waldstreifen. Wer es nicht weiß, kann nicht ahnen, daß jeder dieser dunklen Waldstreifen einen tief ins Land eingeschnittenen langen See bedeutet, Seen mit dem tiefsten, klarsten Wasser, von einem bezaubernden Türkisgrün oder Azurblau. Wir sind hier in einem Endmoränengebiet, hier endeten die Gletscher der Eiszeit, tief schnitten ihre Zungen in das Land ein. Heute noch hat das Wasser etwas von der Frische und der Klarheit des Eises, unsere Seen sind wie Hochgebirgsseen.

Und das ganze Land, jedes Stückchen Acker ist durchsetzt von Steinen, Blöcken, Felsen: Das sind die Geröllmassen, die von den Gletschern aus Schwedens Gebirgen herabgetragen wurden. Sie werden uns noch viel zu schaffen machen, diese Steine und Felsen. Im Dorf behaupten sie, es sei zwecklos, sie aus dem Boden zu schaffen, sie wüchsen nach. Das werden wir ihnen schon beibringen, das Nachwachsen!

Am Eingang des Dorfes drehte damals noch eine Windmühle ihre Flügel. Die Windmühle war und ist scheußlich, ein schwarzer geteerter Stumpf aus Mauersteinen, wie eine verräucherte Fabrikesse, allein die Flügel versöhnten ein wenig mit ihr. Unterdessen sind diese Flügel herabgefault und heruntergefallen, und die Windmühle, für die alle Winde umsonst wehen, ist nur noch scheußlich."[6]

Fallada erlebte das Kriegsende 1945 in Feldberg. Der politisch unbelastete, aufrechte Demokrat wurde von den Russen als Bürgermeister des Städtchens eingesetzt, war aber den Anforderungen und Belastungen dieses Amtes weder physisch noch psychisch gewachsen und mußte schließlich im Spätherbst 1945 mit einem Nervenzusammenbruch in das Krankenhaus Neustrelitz eingeliefert werden. Die mit dem Einmarsch der russischen Truppen und seinem aufreibenden Amt zusammenhängenden Ereignisse beschrieb er 1947 in seinem autobiographischen Roman „Der Alpdruck".

Von Feldberg aus lohnt der Abstecher nach Neustrelitz im Gebiet der Neustrelitzer Seenplatte mit ihren mehr als dreihundert größeren und kleineren Seen. Der Name fordert wieder zu einem geschichtlichen Rückblick heraus, taucht er doch im Namen des Herzogtums Mecklenburg-Strelitz auf, das als Folge der Landesteilung 1701 errichtet wurde und erst 1918 im Herzogtum Mecklenburg-Schwerin aufging. Auch das ist wieder einmal ein Musterbeispiel deutscher Kleinstaaterei, bestand es doch aus dem Fürstentum Ratzeburg (ohne die Stadt) im Westen und der Herrschaft Stargard, letzterer als der größere Teil mit immerhin 42.000 Einwohnern! Nicht genug damit, daß es überhaupt existieren konnte, wurde es sogar noch 1815 zum Großherzogtum erhoben.

Das Ackerbürgerstädtchen Strelitz aber gelangte zu besonderen Ehren und wurde Residenz. Als jedoch schon wenige Jahre nach der unerwarteten Rangerhöhung das Schloß abbrannte, ließen die Herzöge das nördlich des Ortes gelegene Jagdhaus Glieneke zum Residenzschloß ausbauen und unmittelbar daneben von 1733 an Neustrelitz planmäßig anlegen. Das Schloß, ein dreiflügeliges Fachwerkgebäude, wurde zwar 1945 zerstört und abgerissen, erhalten aber blieb als besondere Kostbarkeit der ehemalige Barockgarten, der nach 1820 zu einem englischen Landschaftsgarten umgestaltet worden war. Und wenn er heute auch nur noch ganz bescheiden die Bezeichnung Stadtpark führt, so gehört die Anlage doch zu den schönsten ihrer Art in ganz Mecklenburg – mit Skulpturen, Tempelchen, einer barocken Götterallee und einer Götterallee des 19. Jahrhunderts, deren Figuren gegenüber die überlebensgroße Bronzeplastik des Großherzogs Georg sozusagen als irdisches Pendant ihren Platz gefunden hat. Alles ist reizvoll, dabei aber durchaus betont eng, so daß man sich wundern muß, daß es in dieser höfischen Atmosphäre eines Zaunkönigtums ein so freier, geistvoller Publizist wie der Berliner Schriftsteller Adolf Glaßbrenner aushalten konnte. Der geistige Vater des

Das Residenzschloß in Neustrelitz, Stahlstich um 1830

„Eckenstehers Nante" lebte hier in den Jahren des Vormärz von 1840 bis 1850. Das konnte nicht gutgehen; aber immerhin fand die Mecklenburg-Strelitzsche hohe Obrigkeit erst mit der fadenscheinigen Behauptung, er solle Verbindung zu den Kommunisten in London gehabt haben, einen Grund, ihn dann endlich auszuweisen.

Adolf Glaßbrenner

Am Gymnasium erinnert eine Gedenktafel daran, daß hier Heinrich Schliemann für kurze Zeit die Schule besuchte. Geboren in Neubukow, wie wir schon hörten, verbrachte er seine Kindheit in Ankershagen, nordwestlich von Neustrelitz. Dort wirkte sein Vater als protestantischer Pfarrer. Wer kennt schon Ankershagen, diesen kleinen, unbedeutenden Ort? Und doch hat er weltweite Bedeutung erlangt, lebt er doch fort in den Erzählungen Heinrich Schliemanns über seine Kinderjahre: Das mittelalterliche Schloß, der Kirchhof mit dem Grab des Ritters Henning, das Silberschälchen – nirgends sonstwo hat der „Zuspruch des Feldweges", wie der Philosoph Martin Heidegger die Begegnung mit der heimischen Vergangenheit im kleinen nennt, so schönen Ausdruck gefunden wie gerade in dieser Schilderung:

„Die in meiner Natur begründete Neigung für alles Geheimnisvolle und Wunderbare wurde durch die Wunder, welche jener Ort enthielt, zu einer wahren Leidenschaft entflammt. In unserem Gartenhause sollte der Geist von meines Vaters Vorgänger, dem Pastor von Rußdorf, ‚umgehen'; und dicht hinter unserem Garten befand sich ein kleiner Teich, das sogenannte ‚Silberschälchen', dem um Mitternacht eine gespenstische Jungfrau, die eine silberne Schale trug, entsteigen sollte. Außerdem hatte das Dorf einen kleinen, von einem Graben umzogenen Hügel aufzuweisen, wahrscheinlich ein Grab aus heidnischer Vorzeit, ein sogenanntes Hünengrab, in dem der Sage nach ein alter Raubritter sein Lieblingskind in einer goldenen Wiege begraben hatte. Ungeheure Schätze aber sollten neben den Ruinen eines alten runden Turmes in dem Garten des Gutseigentümers verborgen liegen; mein Glaube an das Vorhandensein aller dieser Schätze war so fest, daß ich jedes Mal, wenn ich meinen Vater über seine Geldverlegenheiten klagen hörte, verwundert fragte, weshalb er denn nicht die silberne Schale oder die goldene Wiege ausgraben und sich dadurch reich machen wollte? Auch ein altes mittelalterliches Schloß befand sich in Ankershagen, mit geheimen Gängen in seinen sechs Fuß starken Mauern und einem unterirdischen Wege, der eine starke deutsche Meile lang sei und unter dem tiefen See bei Speck durchführen sollte; es hieß, furchtbare Gespenster gingen da um, und alle Dorfleute sprachen nur mit Zittern von diesen Schrecknissen. Einer alten Sage nach war das Schloß einst von einem Raubritter namens Henning von Holstein bewohnt worden, der, im Volke ‚Henning Bradenkirl' genannt, weit und breit im Lande gefürchtet wurde, da er, wo er nur konnte, zu rauben und zu plündern pflegte. (*Schliemann erzählt weiter, daß der Ritter den Herzog von Mecklenburg eingeladen hätte, um ihn zu ermorden, dieser jedoch vom Kuhhirten gewarnt worden sei.*) Als der Ritter entdeckte, daß der Kuhhirte seine Pläne durchkreuzt hatte, ließ er den Mann bei lebendigem Leibe langsam in einer großen eisernen Pfanne braten und gab dem Unglücklichen, erzählt die Sage weiter, als er in Todesqualen sich wand, noch einen letzten grausamen Stoß mit dem linken Fuße. Bald danach kam der Herzog mit einem Regiment Soldaten, belagerte und stürmte das Schloß, und als Ritter Henning sah, daß an kein Entkommen mehr für ihn zu denken sei, packte er alle seine Schätze in einen großen Kasten und vergrub denselben dicht neben dem runden Turme in seinem Garten, dessen Ruinen noch heute zu sehen sind. Dann gab er sich selbst den Tod. Eine lange Reihe flacher Steine auf unserem Kirchhofe soll des Missetäters Grab bezeichnen, aus dem jahrhundertelang sein linkes, mit einem schwarzen Seidenstrumpf bekleidetes Bein immer wieder herausgewachsen war. Sowohl der Küster Prange als auch der Totengräber Wöller beschworen hoch und teuer, daß sie als Knaben selbst das Bein abgeschnitten und mit den Knochen Birnen von den Bäumen abgeschlagen hätten, daß aber im Anfang dieses Jahrhunderts das Bein plötzlich zu wachsen aufgehört habe. Natürlich glaubte ich auch all dies in kindlicher Einfalt, ja bat sogar oft genug meinen Vater, daß er das Grab selber öffne oder auch mir nur erlauben möge, dies zu tun, um endlich sehen zu können, warum das Bein nicht mehr herauswachsen wolle. Einen ungemein tiefen Eindruck auf mein empfängliches Gemüt machte auch ein Tonrelief an einer der Hintermauern des Schlosses, das einen Mann darstellte und nach dem Volksglauben das Bildnis des Henning Bradenkirl war. Keine Farbe wollte auf demselben haften, und so hieß es denn, daß es mit dem Blute des Kuhhirten bedeckt sei, das nicht weggetilgt werden könne."[7]

Noch steht in Ankershagen das alte Pfarrhaus, in dem der kleine Heinrich gemeinsam mit seinem Vater die Sagen vom Untergang Trojas las und davon träumte, die damals verschollene Stadt wieder aufzufinden und auszugraben.

Merkwürdigerweise war der Geist Homers in dem Dorfe wohl heimisch; denn schon fünzig Jahre vor Schliemann hatte ausgerechnet hier jener Johann Heinrich Voß von 1769 bis 72 auf dem von Schliemann als Schloß bezeichneten Gutshof als Hauslehrer gewirkt. Es war eine schwere Zeit für Voß, von der er selbst sagte: „Damals hatte bei dem Landadel gewöhnlich der Koch weniger Arbeit und mehr Einnahmen als der Erzieher." Träumte auch er damals von Troja? Zwar las er nicht die Sagen, wohl aber die „Ilias" im griechischen Original, und wenige Jahre später übersetzte er die homerischen Epen in Hexameterform ins Deutsche. So schenkte er Deutschland Homers Dichtung, und Schliemann schenkte der Welt Troja.

Es ist von hier nicht weit am Tollensesee entlang nordwärts bis nach Neubrandenburg. Dabei lohnt ein kleiner Abstecher nach dem reizvoll im schönen Lindebachtal gelegenen Städtchen Burg Stargard, dessen Burg schon um 1250 Markgraf Joachim I. erbauen ließ, als das Land Stargard zu Brandenburg gehörte.

Neubrandenburg ist heute eine bedeutende Industriestadt. Der Kurfürst von Brandenburg hatte es ebenfalls um die Mitte des 13. Jahrhundert gegründet. Leider wurde die Stadt im Zweiten Weltkrieg fast völlig zerstört, erhalten blieb wenigstens die Stadtbefestigung mit ihrer zweieinhalb Kilometer langen Ringmauer, den schönen Wiekhäuschen und den berühmten vier Stadttoren, die zu den schönsten in ganz Norddeutschland gehören. Zwei Namen sind hier zu nennen. Da ist einmal Caspar David Friedrich, der die Heimatstadt beider Großelternpaare mehrfach gemalt hat. Das schönste und wohl auch bekannteste Bild entstand um 1817 und zeigt die Silhouette der Stadt von Nordosten. Man erkennt ihren damals in sich geschlossenen Charakter mit den Toren. Den Turm der Marienkirche hat der Künstler allerdings wegen der Bildwirkung erhöht und mit einer spitzen Turmhaube versehen.

Der zweite wichtige Name ist der von Fritz Reuter, nach dem auch eine Straße in der Stadt benannt ist. Der Dichter verbrachte in Neubrandenburg seine besten und schaffensreichsten Jahre von 1856 bis 63. Sein Leben wird im Zusammenhang mit seiner Geburtsstadt Stavenhagen zu würdigen sein. Die Neubrandenburger haben ihm zwei Denkmäler gesetzt. Das eine, am Ende der Stargarder Straße, zeigt eine Sitzfigur des Dichters; das andere, ihm gegenüber, ist der Mudder-Schulten-Brunnen. „Mudder Schultz“ war, wie man aus einer am Brunnen verewigten Szene heute noch erfahren kann, eine resolute Bäckersfrau, die dem Landesherrn Durchlaucht Adolf Friedrich IV. eine Brotrechnung präsentierte, als dieser nicht bezahlt hatte, und die der Herzog daraufhin „impertinentes Frauenmensch“ titulierte. Die bürgerstolzen Neubrandenburger haben ihr und nicht dem Herzog den Brunnen gewidmet, aber dieser ist immerhin auch darauf abgebildet. Schließlich stehen er, die Bäckerin und die ganze Geschichte im Mittelpunkt des Romans „Dörchläuchting“ (Durchlaucht), der in der zweiten Hälfte des 18. Jahrhunderts in Neubrandenburg oder „Nigen-Bramborg“, wie es bei Reuter heißt, spielt. Der Dichter hat diese Geschichte wie die meisten seiner Werke plattdeutsch geschrieben. Dreimal werden wir Proben aus seinem Werk begegnen. Die erste aus „Dörchläuchting“, die vom Bau eines neuen Palais in Neubrandenburg erzählt, steht im plattdeutschen Original, an dem sich die Leser ruhig einmal die Zähne ausbeißen mögen. Die zweite über seine Vaterstadt Stavenhagen entstammt einem der wenigen hochdeutschen Texte Reuters, und die dritte, in der uns seine wohl berühmteste Figur, der Inspektor Bräsig, vorgestellt wird, lernen wir in einer einfühlenden „Übersetzung“ kennen. Hier die erste Probe in plattdeutsch:

Fritz Reuter am Stammtisch im Neubrandenburger Ratskeller, Ölbild von J. Bahr, 1899

„Dat heet, so was dat in den övrigen Strelitzschen Lann, natürlich Nigen-Bramborg utbenamen; denn dor gung dat hellschen hooch her. Dörchläuchten schickte sinen Herrn Landbumeister un leet de nige Palee bugen, un't was en geschickten Mann; denn blot ut de Zöpp von dat Buholt un de Utschottsteen buugte he so biher in de Fierabendstiden de Bellmandüür in dat Brodasche Holt, un't was groten Verdeenst in Bramborg, un de twölf Murer- un de twölf Timmergesellen, de dunntaumalen fiev Gröschen up den Dag kregen, gungen ‚s Abends dörch de Straten, hadden den Haut scheef upsett un sungen: ‚Wenn's immer, wenn's immer, wenn's immer so wär!' un de dunnmalige Polizeidener Bendsnider, wat de Stammvadder von dat ganze Polizei-Bendsnidersche Geschlecht worden is, seed: ‚Laat se, se bringen Geld unner de Lüüd.' –

Un as dat Joor üm was, dunn was de Palee half farig, un in dat neegste Joor würd dat dreviertel farig, un dunn verpusteten wi uns twe Joor von de överminschliche Anstrengung un de Kosten, un in den Harvst von dat föfte Joor stunn't fix un farig dor, un de Buren ut de Ümgegend un männig Penzliner un Stargarder Börger kamm na Bramborg un bekeek sik de Saak, un ok dit bröchte hellschen veel Geld in de Stadt, so dat Dörchlauchten en woren Wolldäter för de Stadt worden was. Dat erkennten denn de Bramborger ok as getrue Unnerdanen an, un as Dörchläuchten in den neegsten Früjoor in de Palee treckte, dunn sammelten se för em taun festlichen Empfang – de Stadtkaß gaff dortau 50 Daler in de ollen bekannten Münzgröschen, de dunnmalen al kener recht nemen wull, un in'n ganzen kemen tausam 105 Daler, 3 Gröschen, 7 Penning – egentlich aver 7 Gröschen, 7 Penning; denn Raatsherr, de vierte, wull ok 4 Gröschen geben; sine Gaav würd aver taurüchschaben, wiel se von sone Demokratensiet her mööglicherwies Dörchläuchten, wenn he't tau weten kregen hadd, hadd beleidigen künnt."[8]

Der armen Durchlaucht droht übrigens Schlimmes. Noch ruht Herzog Adolf Friedrich IV. wie andere Familienmitglieder friedlich in der Familiengruft in der Sankt Johannes-Kirche in dem kleinen Ort Mirow, südlich von Neustrelitz. Aber ein merkwürdiges Schicksal hat es gewollt, daß sein Leichnam mumifiziert worden ist. Nun soll er wie weiland der berühmte General Tilly im bayerischen Wallfahrtsort Altötting durch ein Glasfenster dem sich gruselnden Publikum zugänglich gemacht werden. So wäre Mecklenburg-Vorpommern um eine Fremdenverkehrsattraktion und eine Pietätlosigkeit reicher! Da geht es dem letzten regierenden Großherzog von Mecklenburg-Strelitz, der sich als 36jähriger 1918 angeblich aus Liebeskummer das Leben genommen hatte, etwas besser; denn er ruht ganz für sich allein auf der „Liebesinsel" im Landschaftspark von Mirow.

Das war aber nur ein Abstecher im Geiste, ein wirklicher führt uns am Westufer des Tollensesees entlang zum Städtchen Penzlin mit seiner Burg, in der sensationslüsterne Gemüter über enge Treppen in den „Hexenkeller" gelangen. Noch sieht man in den 1560 angelegten Nischen die Steinsitze, an die man die armen Frauen und Mädchen angekettet haben soll, die der Hexerei beschuldigt waren. Was beim Beschauer bleibt, ist weniger das Gruseln, als vielmehr die nüchterne Erkenntnis, daß sich menschliche Niedertracht und bigotter Wahn anscheinend gleichmäßig über ganz Deutschland verbreiteten und die Hexenverfolgungen im protestantischen Norden ebenso eifrig stattfanden wie im katholischen Süden. In Penzlin jedenfalls gab es den letzten Hexenprozeß immerhin noch im Jahre 1697.

Johann Heinrich Voß

Aber eigentlich gilt unser Besuch nicht den Hexen, sondern jenem jungen Heinrich Voß, den wir schon in Ankershagen kurz kennenlernten. Er wurde 1751 in Sommersdorf am Kummerower See geboren und verbrachte einen Teil seiner Kindheit in Penzlin, wo der Vater eine kleine Schenke bewirtschaftete. Hier mochte er als Knabe in der Wirtsstube manche jener Eindrücke gesammelt und Klagen über die Fronarbeit gehört haben, die er später in seinen Dichtungen wie in den „Leibeigenen" oder im „Junker Kord" verarbeitete:

„*Frau*:
Gleich wird im festlichen Zug mit Musik ankommen die Dorfschaft,
Welche für Saat' und Ernt' arbeitete, auch (was den Frondienst
mehrt) für des sämtlichen Gutes Verschönerung. Froh ist der Anblick,
Wann nach langem Geschäft sich erlustigen Männer und Weiber,
Stattlichem Feiergewand' und jeglicher Sorge vergessend;
Wann mit prunkendem Kranze der Segensernte daherziehen,
Sens' und Hark' in der Hand, laut jubelnde Mäher und Jungfrau'n,
Hüfener samt dem Gesind' und ältlicher Leute des Taglohns.
Doch mir regt sich geheim Wehmut und herzliches Mitleid;
Denn die Feiernden sind – Leibeigene!

Herr:
Wie man sich ausdrückt.
Nicht Leibeigene, Frau, Gutspflichtige nennt sie ein jeder,
Wer schon waltet mit Fug, und wer sich schämet des Unfugs.

Frau:
Was nicht taugt, durch Worte beschönigen, sei unerlaubt uns!
Trautester, wem sein Herr Arbeit aufleget nach Willkür;
Wem er den kärglichen Lohn nach Willkür setzet und schmälert,
Geld sei's oder Gewächs, sei's Kornland oder ein Kohlhof;
Wen er nach Willkür straft, für den Krieg aushebet nach Willkür;
Wen er mit Zwang von Gewerbe, mit Zwang von Verehelichung abhält;
Wen sein Herr an die Scholle befestiget, ohne der Scholl' ihm
Einiges recht zu gestehen, als Lastvieh achtend und Werkzeug;
Wessen Kraft und Geschick an Leib und Seele der Herr sich
Eignete; wer die Ersparnis verheimlichen muß vor dem Fronherrn:
Trautester Mann, der *ist* Leibeigener, nenn' ihn auch anders!"[9]

Nur wenige Kilometer sind es von Penzlin nach Hohenzieritz. In dem dortigen Schloß, einem einfachen Barockbau, starb am 19. Juli 1810 im Alter von nur 34 Jahren die preußische Königin Luise. Sie war eine gebürtige Prinzessin Mecklenburg-Strelitz, die den preußischen König Friedrich Wilhelm III. geheiratet hatte. In den für ihr Land so schweren Jahren nach der Schlacht von Jena und Auerstedt und der französischen Besatzung wuchs die junge Frau über sich selbst hinaus und wurde für das Land und seine Bewohner zum Inbegriff des Ausharrens und der

Hoffnung. Einige Wochen vor ihrem Todestag hatte der Dichter Heinrich von Kleist in einem Sonett ihr ganzes Wesen und ihre Bedeutung für das Land mit wenigen Worten erfaßt:

> „Wir sahen dich Anmut endlos niederregnen,
> Wie groß du warst, das ahndeten wir nicht!"

Sie starb, wie man sagt, an gebrochenem Herzen über das Schicksal Preußens. Ein kleiner dorischer Rundtempel südwestlich des Schlosses, der 1815 errichtet wurde, erinnert an ihren Tod.

Zwischen Mecklenburger Seenplatte und Elbe

Fritz Reuter

Neubrandenburg ist mit Recht stolz auf Fritz Reuter, der viele Jahre in der Stadt lebte. Das etwa 25 Kilometer nordwestlich gelegene kleine Städtchen Stavenhagen kann mit dem gleichen Recht stolz auf ihn sein und darf sich sogar seit 1949 offiziell „Reuterstadt" nennen, wurde der Dichter doch am 7. November 1810 dort geboren. Vor dem Rathaus und Reuter-Museum steht sein Denkmal, das ihn zeigt, wie er im bequemen Sessel sitzend die Vorübergehenden beobachtet, jene Menschen, deren Vorfahren er im kleinbürgerlichen und bäuerlichen Milieu seiner Heimat so unnachahmlich zeichnete. Wer sein Werk nicht kennt, kennt Mecklenburg nicht ganz, aber wer Mecklenburg nicht kennt, wird auch seine Romane und Erzählungen nicht völlig erfassen. Er gehört unbestritten zu den bedeutendsten Erzählern des 19. Jahrhunderts, vor allem war er der erste, der die plattdeutsche Mundart seiner Heimat literaturfähig machte. Seiner Vaterstadt Stavenhagen hat er eine kleine Arbeit gewidmet, eine der ganz wenigen, die er in Hochdeutsch schrieb und in der er voll Liebe das biedermeierliche Bild des kleinen Ortes zeichnete:

„Mehr als fünfundvierzig Jahre sind an den räucherigen Dächern meiner kleinen Vaterstadt hingerollt, seit ich die ersten deutlichen Eindrücke von der Erhabenheit seines Kirchturms, der Großartigkeit seines Rathauses und der Majestät seines Amtsgebäudes, gewöhnlich 'das Schloß' genannt, empfing. Drei neue Straßen haben seit jener Zeit die Gestalt der Stadt so verändert, daß ich mich mit Mühe darin zurechtfinde, und ausnahmsweise kühne Männer haben den Schutz des zur Sommerzeit etwas übelriechenden Wallgrabens verschmäht und sich vor den Toren angesiedelt, jeder Gefahr keck die Stirn bietend, die innerhalb der Ringmauern der Stadt die Polizeidiener und die Nachtwächter zu verscheuchen verpflichtet sind.

Die Priesterkoppel, wo ich durch meinen Papierdrachen Korrespondenz mit den Wolken pflog, ist jetzt mit einem Häusermeer bedeckt; wo ich sonst in jugendlicher Lust dem Ballspiele oblag, werden jetzt Bälle gegeben; der alte trauliche, in süßer Heimlichkeit verschlossene Bullenwinkel hat seine geöffneten Räume den Strömen des Verkehrs übergeben müssen, und der alte Bauernhof mit seiner schönen großen Mistpfütze, in die ich zum Schrecken meiner guten Mutter regelmäßig jeden Winter ein- oder mehrere Male mit dem Eise einbrach, ist zum fashionablen Westende der Stadt geworden, wo wir Knaben früher im idyllischen Spiel mit Kälbern, Lämmern und Füllen des alten Nahmacher umhersprangen, wird von den gebildeten Töchtern der haute volé jetzt Polka-Mazurka eingeübt. Die Straßen sind aufs beste gepflastert, und von den Toren der Stadt aus gehen direkte Chausseen nach Hamburg, Paris, Berlin und St.

Petersburg. Der Segen Gottes hat sich in Gestalt des Volkes Gottes in reichlicher Fülle über der Stadt entladen, und der rege Wetteifer zwischen den Bekennern des Alten und des Neuen Testaments hat einen Weltverkehr mit gebackenen Pflaumen, Lumpen und Kuhhörnern ins Leben gerufen, der meine teure Vaterstadt zu dem Emporium des östlichen mecklenburgischen ‚Perdukten-Handels' gemacht hat. Es fehlt hier nur, daß sie an der Ostsee gelegen wäre, dann wäre sie eine Seestadt....

Die vorzugsweise ‚Reisende' genannte Nation, mit dem herrschenden Stamm der Weinreisenden an der Spitze, ist völkerwandernd und völkerbeglückend über die Stadt ausgegossen und sucht die Segnungen einer im steten Steigen begriffenen Zivilisation über die inwohnenden Schuster und Schneider zu verbreiten. Diese selbst haben in aller Stille den jeden National-Ökonomen erschreckenden Beweis geliefert, daß trotz aller hemmenden Heimatgesetze und Zuzugsbehinderungen eine Bevölkerung von 1.200 Einwohnern in vierzig Jahren imstande ist, sich durch Kraft und Ausdauer auf 2.500 zu bringen."[1]

Nach seiner Schulzeit in Stavenhagen studierte Reuter in Rostock, später in Jena. Dort begeisterte er sich für vaterländische und freiheitliche Ideen und trat der Burschenschaft bei. Allein diese Tatsache genügte, daß er bei einer Durchreise durch Preußen in Berlin verhaftet und, obwohl kein preußischer Staatsangehöriger, doch des Hochverrats angeklagt und zum Tode verurteilt wurde! Als „besonderen Gnadenakt" wandelte der preußische König das Todesurteil in eine dreißigjährige Festungshaft. Dieser ungeheuerliche Rechtsbruch zerstörte auf Jahre hinaus das Leben Reuters, der von Festung zu Festung geschleppt wurde, erst in Preußen, zum Schluß in der mecklenburgischen Festung Dömitz, wo wir ihm noch einmal begegnen werden. Als 1840 König Friedrich Wilhelm III. von Preußen gestorben war, ließ der Großherzog von Mecklenburg Reuter frei. Sieben Jahre Festungshaft waren nicht spurlos an ihm vorübergegangen. Da es nicht mehr möglich schien, das Studium fortzusetzen, versuchte er erst Landwirt zu werden, wurde dann aber Privatlehrer in Treptow, was ihm ein dürftiges Leben ermöglichte. Schließlich begann er zu schreiben und zog 1856 nach Neubrandenburg, wo jene Erzählungen und Romane entstanden, die seinen Ruf als Schriftsteller begründeten. 1863 konnte er es sich sogar leisten, in Eisenach am Fuße der Wartburg eine stattliche Villa zu bauen und dort die Früchte seiner Arbeit und seines Erfolgs zu genießen. In Eisenach starb er dann auch 1874.

Aus der Fülle seiner Arbeiten die bedeutendsten Werke hervorzuheben, ist bei der hohen Gesamtqualität nicht einfach. Sicher gehören seine Schilderungen der französischen Besatzungszeit in Mecklenburg „Ut de Franzosentid" ebenso dazu wie die Erinnerungen an seine Festungsjahre, die er unter dem Titel „Ut mine Festungstid" niederschrieb, vor allem aber der 1862 bis 64 entstandene Roman „Ut mine Stromtid" (Aus meiner Landwirts-Zeit), in dem sich Autobiographisches mit der realistischen und zugleich auch humorvollen Schilderung des Landlebens auf mecklenburgischen Gütern verbindet. Aus der Vielzahl der liebevoll gezeichneten Charaktere hebt sich einer ganz besonders heraus und wurde zu einer Gestalt der deutschen und der Weltliteratur. Es ist der „immeritierte" Inspektor Bräsig. Man kann ihn sogar persönlich in Augenschein nehmen; denn an einem der Reliefs des Reuterdenkmals in Stavenhagen steht er

Inspektor Bräsig im Rahnstädter Reformverein 1848, Holzschnitt von Ludwig Pietsch, 1864/65

breitbeinig, die Zwillinge Lining und Mining in den Armen, und lächelt so freundlich, als wollte er dem Betrachter gerade seinen Lieblingsspruch „daß du die Nas' ins Gesicht behältst!" zurufen. Wie es kam, daß er verhältnismäßig frühzeitig „immeritiert" – also pensioniert – wurde, erzählt er selbst. Sein Bericht wird im folgenden in der einfühlenden hochdeutschen Übertragung von F. und B. Minssen widergegeben, die den Mittel- und Süddeutschen einen Zugang zu Fritz Reuters Werk erleichtert:

„Die Sache ist nämlich so: Ich bün von meiner hochgräflichen Herrschaften aus meinem Verhältnis als praktiver Ökonomiker entlassen, nicht etwa wegen unbestimmter Geld- oder Korn-Rechnung, sondern wegen der Gicht, oder wie sie auch hochdeutsch sagen: Wegen der Podagra. Ich habe mir in meinem langjährigen Verhältnis eine Kleinigkeit verdient, auch mit Pferdehandel, und dazu kriege ich eine kleine Pangsionierung und zwölftausend Torf, den ich aber nie kriege; denn worum? Mein Nachfolger als Entspekter wirtschaftet nach einem ökonomischen Kalender, und dies dumme Kreatur besagt for den November: ‚Schöne Zeit, Brennmaterial einzufahren.' Nun frage ich jeden gebildeten Menschen, ob Torf im November noch for Brennmaterial gelten kann?

Sie haben's auch mal versucht und wollten ihn einfahren, sie mußten ihn aber mit Worpschüppen aufladen von wegen der Nassikkeit. Ich bin also unschuldigerweise aus dem Dienst gekommen, denn for die Gicht kann ich nicht, die hätte ich mir nämlich schon in der Jugend zugelegt, als ich noch Schaaf hütete, denn dazumalen wurden die alten Schnucken schon des Frühjahrs in den ersten Andäu ausgetrieben, was meines Wissens die schönste und paßlichste Witterung for die Gicht ist.

Nun ist das anders: Nu hüten die Schäfer bloß ins Trockene und in der Warmniß, un die alten Schnucken werden wie Prinzessinnen aufgewartet; sie sagen ja, Steffan will for seine Rambulljetts Regenröck und Unterhosen machen lassen."[2]

Nach so viel Literatur und Kultur erscheint es wohl richtig, wieder einmal einen Blick in die Natur zu werfen. Auf den insgesamt rund vierzig Kilometern von Stavenhagen über Malchin nach Waren bietet sich dazu ausreichende Gelegenheit; denn Malchin ist das Zentrum der waldreichen „Mecklenburger Schweiz", einer typischen Endmoränenlandschaft mit für Mecklenburger Verhältnisse doch beachtlichen Höhenunterschieden von etwa hundert Metern zwischen Malchiner See und Hardtberg oder Röthelberg. Lohnen sich schon hier die Ausflüge, dann noch viel mehr im Gebiet der Mecklenburger Großseenplatte südlich von Waren. Der Blick auf die Landkarte macht die Zusammenhänge deutlich. Wir befinden uns hier sozusagen im Rückgrat des Landes, das von der Höhenzone des mecklenburgischen Landrückens gebildet wird, einem etwa vierzig Kilometer breiten Streifen, der sich vom Raum Ratzeburg, dem Ausgangspunkt unserer Rundfahrt durch Mecklenburg, über den Schweriner See, das obere Warnow-Gebiet nach Südosten zur Mecklenburger Großseenplatte und weiter zur Neustrelitzer Kleinseenlandschaft zieht, wobei er in dieser Richtung allmählich ansteigt. Er ist gekennzeichnet durch ein Höhen- und ein Seengebiet, genauer gesagt, liegt zwischen den zwei Endmoränenzonen des Landrückens die Seenplatte. Die Müritz, an deren Nordrand wir nun stehen, ist mit 116,8 Quadratkilometern Fläche nicht nur der größte See der Seenplatte, sondern der norddeutschen Tiefebene überhaupt. „Die Müritz ist nämlich sowas wie ein

Ansicht von Malchin

Meer, wie der Victoria-Nyanza oder der Tanganjika“ hatte einmal Theodor Fontane nach einem Besuch tief beeindruckt geschrieben, und tatsächlich ist ja auch der heutige Name von dem slawischen Wort morcze, morse = Meer abgeleitet. Heute liegt am Ostufer des Sees ein großes Naturschutzgebiet. Der Müritz-Nationalpark ist durch Wander- und Radwege erschlossen, und wer es bequem haben will, wird einen der Ausflugsdampfer benutzen. Mit Glück kann man auf einer solchen Fahrt sogar einen See- oder einen Fischadler beim Beutezug beobachten.

Richard Wossidlo um 1885

Waren, wo einmal Fontane als Sommerfrischler weilte, ist immer noch das Ausflugs- und Urlaubszentrum für das gesamte Müritz-Gebiet. Die Pfarrkirche mit ihrem mächtigen Westturm stammt aus dem 14. Jahrhundert und erinnert daran, daß die Stadt vor über siebenhundert Jahren durch die Fürsten von Werle an der Stelle eines slawischen Fischerdorfes gegründet wurde. In der zweiten Hälfte des 14. Jahrhunderts war sie sogar einmal mecklenburgische Residenz. Im Gymnasium der Stadt erinnert eine Gedenktafel an Richard Wossidlo, der hier fast vierzig Jahre lang unterrichtete. Hoch klingt das Lied vom braven Mann ... nicht nur bei selbstlosen Taten, sondern auch dann, wenn ein Mensch auf selbstlose Weise sein Leben freiwillig einer einzigen, wichtigen Aufgabe widmet. 1859 wurde Wossidlo in Ferdinandshof am Rande des Friedländer Bruchs nördlich von Pasewalk geboren. Von 1886 an wirkte er bis zu seiner Pensionierung als Gymnasiallehrer in Waren, wo er schließlich auch 1939 hochbetagt starb. Jede freie Minute – und wohl auch jeden Pfennig seines damals nur schmalen Lehrergehalts – nutzte er, um durch das Land zu ziehen und volkskundliche Spuren zu suchen, vor allem Sagen, Schwänke und Märchen. Insgesamt 30.000 Texte, sorgfältig festgehalten in den verschiedenen heimischen Mundartvariationen, trug der überall bekannte und trotz – oder vielleicht gerade wegen – mancher Schrullen bei den Leuten hochgeschätzte „Perfessor Voßlo“ zusammen. Wossidlo gilt heute zu Recht als der bedeutendste Volkskundeforscher Mecklenburgs. Er selbst erzählt von seiner Sammeltätigkeit:

„Ich kenne keine größere Freude, als mit Männern und Frauen aus der Landbevölkerung zu plaudern, die, von städtischem Verkehr und dem Einfluß der Schriftsprache unberührt, aus lebendigem Sprachgefühl heraus ihre Rede formen. Da ist dann jeder Satz nach irgendeiner Seite hin bedeutsam. Gelegenheit, dem Volke ‚aufs Maul zu sehen‘, um Luthers bekannten Ausdruck zu gebrauchen, hat ja jeder. Natürlich, wer durch verwandtschaftliche oder freundschaftliche Beziehungen eng mit dem Landleben verknüpft ist, dem wird sich die Volkssprache leichter erschließen. Aber auch in der Stadt kann man täglich finden, wenn man nur ernstlich sucht, zumal heute, wo die ländlichen Arbeiter in immer größeren Mengen in die Städte strömen. Und ein Gespräch mit dem Hirten auf dem Felde, dem Alten, der die Wege bessert, dem Mütterchen, das beim Hüten der Gänse von jungen Tagen träumt, dem Tagelöhner, der des gleichen Weges zieht, ist bald im Fluß, wenn man den Leuten mit freundlichem Gruß gegenübertritt und auf ihre Interessenwelt einzugehen weiß. Meist erkennt man nach wenigen Minuten, ob man Ausbeute erhoffen darf. Das Alter allein tut es nicht.

Eine außerordentlich günstige Gelegenheit, das Volk zu belauschen, bietet sich dem Sammler dar, wenn er kleine Händler und Aufkäufer ins

Vertrauen zieht und mit ihnen auf ihren Wagen auf dem Lande herumfährt. Bei dem Verkehr gerade dieser Leute mit den Bauern und Taglöhnerfrauen kommen in der Erregung, wie sie der Handel mit sich zu bringen pflegt, besonders viele alte Wendungen ans Licht.

Freilich, sobald die Leute merken, daß man sie aushorchet, ist bei den meisten die Unbefangenheit dahin. Nur wenige ertragen es ohne Einbuße sprachschöpferischer Kraft, daß man niederschreibt, was sie reden. Ich habe in früheren Jahren abwaschbare Gummimanschetten benutzt oder irgendeinen Vorwand gesucht, um ohne Verdacht das Notizbuch oder das Kursbuch oder den Kalender hervorzuholen. Durch Übung lernt man, ohne solche Stützen auszukommen und bei scharfem Hinhören ein kürzeres Gespräch zu bemeistern."[3]

Wenn wir uns schon für die volkskundlichen Zeugnisse interessieren, sollten wir unbedingt zur alten Tuchmacherstadt Malchow, dem „Mecklenburgischen Manchester", am Fleesensee hinüberfahren und von dort aus das Freilichtmuseum in Altschwerin besuchen. Das Grausen kann einen ankommen, wenn man die dürftigen Hütten sieht oder vor allem die Schnitterkaserne an der Bundesstraße, in der einmal vor hundert Jahren jene ausländischen Wanderarbeiter untergebracht waren, die sich für die Erntezeit verdingt hatten und die von den Grundbesitzern wie Sklaven oder Vieh behandelt wurden!

Am Krakower See vorbei geht es nun wieder nordwärts nach Güstrow. Um 1226 wurde die heutige Kreisstadt als Marktflecken von den Herzögen angelegt, die hier eine Burg errichteten, aus der später das Schloß hervorging. In diesem Schloß residierten bis 1695 mit Unterbrechungen die Herzöge von Mecklenburg, zuletzt in der Linie Mecklenburg-Güstrow. An die enge Verbindung zum Herzogshaus erinnert der mecklenburgische Stier im Wappen, der aber ausnahmsweise nicht nur sein drohendes Haupt zeigt, sondern in voller Lebensgröße das Wappenschild ziert. Dom und Schloß bilden die beiden Pole, um die einmal das Leben in der kleinen Stadt kreiste. Schon in der zweiten Hälfte des 13. Jahrhunderts war mit dem Bau des Domes begonnen worden. Fürst Heinrich Borwin II. soll ihn, „mit großer Furcht das Urteil des Jüngsten Gerichtes erwartend", auf dem Sterbebette gestiftet haben; aber es vergingen noch hundert Jahre, bis er vollendet wurde. Es war keine Bischofs-, sondern eine Kollegiatskirche, die ursprünglich von einem Dutzend Kanonikern

Güstrow, mittelalterliche Gesamtansicht

Das Güstrower Schloß

und ebenso vielen Vikaren betreut wurde, deren Zahl im Laufe der Zeit auf mehr als das Doppelte stieg – ein Beweis dafür, daß die Pfründen aus den benachbarten Dörfern doch einiges abwarfen. Die Reformation brachte 1551 das Ende der Kanoniker. Der Dom verlor seine Bedeutung und wurde sogar zeitweilig geschlossen, während in der Pfarrkirche Sankt Marien am Markt die protestantischen Prediger wirkten.

Nur sieben Jahre danach begann man mit dem Bau des Schlosses. Seit 1555 waren durch Teilung des bisherigen Herzogtums Mecklenburg die Linien Mecklenburg-Schwerin und Mecklenburg-Güstrow entstanden. Der neue Herzog Ulrich erwies sich als eine weitschauende, energische Persönlichkeit und setzte alles daran, seine junge Residenz auszubauen, mochte diese auch kaum mehr als ein Ackerbürgerstädtchen sein.

Immerhin schuf er mit dem Schloß einen der schönsten Renaissancebauten Norddeutschlands. Der Dom wurde fortan die protestantische Hofkirche der Herzöge und deren Grablege. Zwei Kunstwerke aus verschiedenen Epochen ziehen heute die Besucher dieser Kirche an. Das sind einmal die Apostelfiguren des Meisters Berg aus Lübeck, großartige, individuell gestaltete Holzplastiken aus der ersten Hälfte des 16. Jahrhunderts; und gleich hinter ihnen in der nördlichen Seitenkapelle hängt der „Schwebende Engel" Ernst Barlachs. Der Künstler hatte die Bronzefigur, die unverkennbar die Züge von Käthe Kollwitz trägt, 1926/27 als beeindruckendes Ehrenmal für die Gefallenen des Ersten Weltkrieges geschaffen. 1937 war sie von den Nationalsozialisten als „entartete Kunst" entfernt und später eingeschmolzen worden. Nach dem Zweiten Weltkrieg wurde vom Gipsmodell ein Neuguß für die Antoniterkirche in Köln geschaffen und von ihm wiederum ein Nachguß als Geschenk für die Domgemeinde in Güstrow gefertigt.

Die Plastik ist aber nicht das einzige Werk Barlachs in der Stadt. Der Künstler wurde 1870 in Wedel (Holstein) geboren, nach längerer Wanderzeit wohnte er von 1910 an bis zu seinem Tode 1938 in Güstrow. Es waren für ihn die schöpferischsten Jahre, in denen seine Hauptwerke

Ernst Barlach, Gemälde von Leo v. König

entstanden, die in ihrer archaisch anmutenden Ausdruckskraft den Betrachter so tief beeindrucken. Heute ist die Gertrudenkapelle, ein Backsteinbau des 15. Jahrhunderts, zu einer Ernst-Barlach-Gedenkstätte umgestaltet; sie birgt eine ganze Anzahl seiner Plastiken. Neben seinem bildnerischen und graphischen Werk schuf er Dramen, zwei unvollendete Romane und verschiedene autobiographische Schriften, darunter auch das bekannte „Güstrower Tagebuch", dem die folgende Probe vom 19. August 1914 entnommen ist:

„Mit Klaus ging ich über den Hafen an der Nebel entlang, immer dem Deich nach. Es war windig und sonnig, frischwarm und klar, und viele Angler saßen an den Borden, viele ältere und junge Männer, sogar Mädchen angelten. Manche Gruppen ließen sich als Picknicks an mit Eßvorräten und Lagerbehagen. Bei den Männern argwöhnte man leicht Fischhunger, es müssen viele sein, die feiern müssen. Alle diese Landstürmer, die einberufen werden können, legen, weil sie von ihren Stellen entlassen sind, die Hände in den Schoß. Was aber soll man zu den fahrenden Fräuleins sagen, soll man ihnen den Ernst der Zeit predigen? ...

Auf den Wiesen waren Frauen und Mädchen beim Heuwenden, die frischen Fuder waren uns schon in der Ulmenstraße begegnet, überall in den Färren der Felder entqualmt der Dreschmaschine ihr Hummelgebrumm. Das dicke Schilf des Ufers läßt sich vom Wind biegen und raschelt seinen ewig alten Zischelspruch im dünnen und vollen, im schwellenden und sterbenden Chor. Immer, wenn ein Windhauch einfällt, antwortet es schmeichelnd und höflich, immer aus tief freudiger Seele andächtig in seiner immer gleichen seidigen Eigenheit schamhaft selig. An den Kanalbrücken stehen wir als Sachverständige, werden vom Wärter mit wenig Mißtrauen begnadet und schauen dem Angler an der Schleuse zu, einem alten Bahnveteranen mit weißem Bart, der sein Flott in die Seitenwirbel taucht, die hinter dem Fall durcheinanderlaufen und übereinanderdrängen."[4]

Die Herzöge residierten bis zum Aussterben der Linie 1695 in Güstrow. Dazwischen gab es einmal vorübergehend fremde Einquartierung, als Albrecht von Wallenstein, der Oberbefehlshaber des kaiserlichen Heeres und frisch belehnte Herzog von Mecklenburg, im Sommer 1628 Güstrow zu seiner neuen Residenz machte und das Schloß bezog. In dem knappen Jahr, in dem er sich hier aufhielt – und das auch nur mit Unterbrechungen – krempelte er das Städtchen nach seinem Willen um, erweiterte das Schloß und stattete es so prächtig aus, daß es einem Kaiser würdig gewesen wäre. Mit Recht fragt Ricarda Huch in ihrer kleinen Studie über Güstrow, ob die Stadt begriffen habe, daß sie sich dem Rang einer kaiserlichen Residenz näherte. Schon im Juli 1629 mußte er allerdings Güstrow und sein neues Herzogtum wieder verlassen.

Auf der Weiterfahrt nach Bützow kommen wir über Zepelin, dem Stammsitz jener Familie, von der auch Ferdinand Graf von Zeppelin, der Erfinder des nach ihm benannten lenkbaren Luftschiffes, abstammt. Und wenn er auch in Konstanz am Bodensee geboren wurde und dort sein Luftschiff entwickelte, sind die Bewohner von Zepelin doch stolz auf den Sproß ihrer Familie, die dort schon seit dem ausgehenden 13. Jahrhundert lebte, und haben dem Erfinder im nahen Darnower Forst ein Denkmal gesetzt.

Nur ein paar Kilometer nördlich liegt Werle, das zwar keines Besuchs, wohl aber eines Gedenkens wert ist; denn dort stand im hohen Mittelalter eine mächtige Burg der Obodriten. In sie hatte sich 1160 der letzte freie Obodritenfürst Niklot beim Vorstoß Heinrichs des Löwen zurückgezogen. Hier fiel er bei einem Ausbruchsversuch, während sein Sohn Pribislaw den Kampf gegen die Deutschen und die Dänen weiterzuführen suchte. Die endgültige Entscheidung fiel erst vier Jahre später in der Schlacht bei Verden am Kummerower See. Danach nahm der unterlegene Pribislaw, wie wir schon zu Beginn dieses Buches hörten, sein Land von Heinrich zum Lehen und begründete die in Mecklenburg fast achthundert Jahre regierende Dynastie.

Das nahe Bützow ist heute ein Landstädtchen mit rund 11.000 Einwohnern; früher waren es noch viel weniger, und doch hatte der Ort einmal eine eigene Universität! Bützow profitierte dabei von einem Streit Herzog Friedrichs des Frommen mit den Theologen der Universität Rostock. Der Herzog gründete daraufhin 1760 in dem kleinen Landstädtchen eine neue Landesuniversität, die immerhin 29 Jahre mit den Fakultäten Theologie, Jura, Medizin und Philosophie existierte; „florierte" darf man wohl kaum sagen, da mit anfangs genau 83 eingeschriebenen Studenten der Zulauf gering war. Der Herzog mußte die von ihm besoldeten und daher abhängigen Professoren sogar zwingen, sich in Bützow niederzulassen. Die reformierte Kirche am Ellernbauch erinnert daran, daß die Herzöge um 1700 aus Frankreich vertriebene Hugenotten in Bützow angesiedelt hatten. Wie überall brachten diese als Gastgeschenk neue Industriezweige mit; hier führten sie Wollverarbeitung und Tabakanbau ein.

Aber weder Hugenotten noch Universität haben den Namen Bützows bekannt gemacht, sondern Gänse, jenes Federvieh, dem seit 1981 sogar ein eigener Brunnen auf dem Markt des Städtchens gewidmet ist. Der große niederdeutsche Erzähler Wilhelm Raabe griff in seiner humoristisch-satirischen Novelle „Die Gänse von Bützow" 1864 auf ein tatsächliches Ereignis zurück, das sich 1794 zutrug, als der Geist der französi-

Das Schloß von Bützow um 1775

schen Revolution auch kleinbürgerliche Feuerköpfe in Mecklenburg erfaßte. Der Chronist, der Herr Schuldirektor von Bützow, beginnt seine Chronik der erschröcklich-revolutionären Ereignisse mit einer Beschreibung der Stadt und seiner eigenen Lebensverhältnisse:

„Wo die Fluten der Warnow das liebliche und nahrhafte Land der Obodriten, Welataben und Wagrier durchströmen, liegt im Arm der Nixe des Flusses die Stadt Bützow, jener Winkel der Erden, welcher 'mir vor allen lacht', wo ich eine Brotstelle und ein Weib fand, wo ich liebte und lebe, wo seit meinem Abtreten vom Schuldienst und dem Ableben meiner geliebten Friderike die Götter mir jene Otia gaben, nur stellenweise verbittert durch podagristische vexationes in den großen Zehen des linken Fußes, die jedem Menschen so wünschenswert erscheinen müssen, aber nicht einem jeden zuteil werden. In Bützow erlebte ich meine unschuldige Jugend mit Ausnahme jener Jahre, welcher dem Studio auf der Universität zu Rostock geweihet waren, in Bützow war ich ein Mann, in Bützow wird man mich begraben; und sollte ich nach meinem Tode zur Strafe für meine Sünden einige Jahre oder Jahrhunderte lang nachts zwischen zwölf und ein Uhr zur Auslüftung hinausgeschickt werden, so werde ich in Bützow spucken und als schwarzer Schulmeister mit schlecht gekämmter Perücke auf dem Schädel, dem Haselröhrchen unter dem Arm und meiner Abhandlung latinum in compendio in der Tasche, den kommenden Generationen mit Vergnügen jenen heilsamen Schrecken vor dem Unbegreiflichen, jenen Schrecken vor dem Geiste einjagen, welcher (ich meine den Schrecken) uns täglich mehr abhanden zu kommen scheint.

In Bützow an der Warnow ist mir ganz allmählich das Kleinste zum Größesten und das Größeste zum Kleinsten geworden, und wenn ich von meinem Museo aus den Gang der Dinge betrachte, so gehört es nicht zu den geringsten Vergnügungen, zu sehen, wie der Spaß den Ernst ablöset und wie die Welt ein gar jokoses und amüsantes Theatrum sein kann, vor welchem nur die Allerweisesten und die Allerdümmsten mit unbewegter Miene sitzen dürfen.“[5]

Auf der Weiterfahrt nach Schwerin sollte man nur wenige Kilometer südlich zwischen Tarnow und Boitin nicht versäumen, im Wald die Boitiner Steintänze zu besichtigen. Das sind keine besonderen Volksvergnügungen, sondern beachtenswerte vorgeschichtliche Fundstätten, vier Steinkreise, von denen drei eng zusammen liegen, die jeweils aus neun freistehenden Findlingen bestehen. Ein fünfter aus zehn Steinen ist heute verschwunden. Kreise dieser Art dienten um 500 v. Chr. als Einfassung von Grabanlagen mit Urnen- und Brandgräbern.

Einen fast noch besseren Anschauungsunterricht an einer archäologischen Fundstätte erhalten wir nur einige Kilometer westlich in Groß Raden am Sternberger See. Dort wurde in den siebziger Jahren bei umfangreichen Ausgrabungen ein slawischer Tempelort des 9./10. Jahrhunderts freigelegt. Eine obodritische Stammesgruppe hatte auf einer Insel eine kreisrunde Burganlage mit einem Heiligtum darin errichtet. Dieses war durch einen Damm mit einer davorliegenden, ebenfalls befestigten Siedlung verbunden. Die rund hunderttausend Einzelfunde im Grundwasserbereich an noch erhaltenen Bauteilen erlauben es zum einen, die Anlage in allen wesentlichen Einzelheiten zu rekonstruieren und zum anderen, auch die Lebenswelt der Menschen zu beschreiben. Es war daher ein

Das Schweriner Schloß vor der Neugestaltung

guter Gedanke, die Anlage in wesentlichen Teilen nachzubauen und als Freilichtmuseum einzurichten.

Auf der B 104 können wir direkt über den Pauls-Damm quer durch den Schweriner See in die alte und auch wieder neue Landeshauptstadt Schwerin gelangen. Eifrige Weinkenner mögen vielleicht den Umweg über Crivitz im Südosten des Sees nehmen, nur um einmal an einem Ort gewesen zu sein, in dem noch um die Mitte des 19. Jahrhunderts Wein angebaut wurde. Da er aber als zu sauer verschrien war, wurden die Weingärten schließlich aufgelassen.

Zuarina, Zvarin, Zwerin und schließlich nur noch Swerin wurde in den verschiedenen Chroniken und Urkunden seit dem elften Jahrhundert die Siedlung am Westufer des gleichnamigen Sees genannt. Dem Namen liegen die slawischen Begriffe „zvěř" (sprich: swjersch) oder besser „zvěrin" (sprich: Swjerin) zugrunde, was soviel wie „wildes Tier" bzw. „Tierort" oder „Wildgehege", „Pferdegestüt" bedeutet. So jedenfalls hießen die Burgen und Siedlungen der Obodriten auf der heutigen Schloßinsel, die zugleich Fürstensitz war. Als Heinrich der Löwe auf seinem Wendenkreuzzug das Gebiet am See erobert hatte, gründete er neben der Slawensiedlung 1160 die erste deutsche Stadt östlich der Elbe. Schon sieben Jahre später wurde die neue Stadt Sitz eines Grafen und weitere vier Jahre danach Bischofssitz. 1358 erwarben die Herzöge von Mecklenburg Schwerin und machten es bis 1978 zu ihrer Residenz. Von 1756 bis 1837 residierten sie allerdings in Ludwigslust, das wir noch besuchen werden. Nach ihrer Rückkehr gingen die inzwischen zu Großherzögen erhobenen Fürsten sofort daran, ein ihrem neuen Rang würdiges Schloß zu erbauen. Sie beauftragten damit den 41jährigen Hofbaumeister Georg Adolf Demmler, der sich gründlich in Westeuropa umsah und schließlich Schloß Chambord an der Loire als Vorbild wählte. Vollenden durfte er allerdings den prunkvoll konzipierten Bau nicht, denn er hatte es als aufrechter Demokrat in der Revolution von 1848 gewagt, dem Schweriner Bürgerausschuß anzugehören. Das war in den Augen des

Großherzogs ein ähnlich schweres Verbrechen wie die Zugehörigkeit Reuters zur Burschenschaft. Ins Gefängnis mußte der Herr Hofbaumeister deswegen allerdings nicht, aber der Großherzog entzog ihm die Bauleitung am Schloß, und die braven Schweriner beeilten sich, dem durchlauchtigsten Vorbild zu folgen und ihm kaum mehr Aufträge zu erteilen. Immerhin brachte es Demmler 1878/79 bis zum Reichstagsabgeordneten. Er starb, 82jährig, 1886 in Schwerin, wo er auch begraben liegt. Das von ihm entworfene Schloß wurde 1857 fertiggestellt und sogleich vom Großherzog bezogen.

Es ist aber gar nicht so sehr dieser Prunkbau, der die Touristen beeindruckt, sondern der südlich davon gelegene Schloßgarten, der schon im 18. Jahrhundert von einem französischen Architekten angelegt worden war und der nach 1840 durch den berühmten Gartenbaumeister Peter Joseph Lenné, dem Mecklenburg mehrere prächtige Parkanlagen verdankt, mit dem „Grünhausgarten" erweitert wurde.

Vor allen anderen Sehenswürdigkeiten werden wir uns in der Altstadt dem Dom zuwenden. Der Grundstein wurde bereits 1171 gelegt, der heutige Bau konnte aber erst zu Beginn des 15. Jahrhunderts fertiggestellt werden. Auch hier ist das Vorbild der Lübecker Marienkirche unverkennbar. Der mächtige Turm allerdings, der auf den Fotografien vor allem vom Pfaffenteich aus so machtvoll wirkt, wurde zwar im 13. Jahrhundert begonnen, vollendet aber erst gegen Ende des 19. Der Pfaffenteich selbst geht in der heutigen Form schon auf das zwölfte Jahrhundert zurück, wurde also bald nach der Gründung der Stadt angelegt. Seit hundert Jahren verbindet der „Pfaffenteichkreuzer", wie die Einheimischen eine Personenfähre nennen, die beiden Ufer. Nach Spuren des mittelalterlichen Schwerin wird man vergeblich suchen. Nach drei verheerenden Bränden im 16. Jahrhundert gewann die Stadt erst im 18. und 19. Jahrhundert ihr Gesicht als typische Beamtenstadt, um die sich heute ein bedeutender industrieller Gürtel gelegt hat.

Südlich von Schwerin bleiben noch drei Städte auf dem Besuchsprogramm: Das östlich gelegene Parchim am Wockersee geht auf eine Kaufmannssiedlung des frühen 13. Jahrhunderts zurück. Es führt einen besonders prächtigen Stierkopf im Wappen, dem seine Hörner allein nicht genügen, sondern der auch noch ein stattliches Geweih trägt. Außer den schönen Fachwerkhäusern des 16. und 17. Jahrhunderts und zwei Backstein-Hallenkirchen ist in Parchim nicht viel zu sehen. Erwähnt werden sollte jedoch, daß hier 1800 jener Helmuth von Moltke geboren wurde, der in der preußischen Geschichte eine so wichtige Rolle spielte. Als junger Offizier war er vom dänischen in den preußischen Militärdienst übergewechselt, hatte dann mehrere Jahre als Militärinstrukteur im Reich des türkischen Sultans gewirkt, bis er nach 1848 im preußischen Generalstab rasch emporstieg und in den Kriegen gegen Österreich 1866 und gegen Frankreich 1870/71 als Generalstabschef dank seiner überragenden taktischen Fähigkeiten entscheidend zu den Siegen Preußens beitrug. 1870 erhielt er die Grafenwürde, 1871 wurde er Generalfeldmarschall.

Im westlich von Schwerin gelegenen Neustadt-Glewe ist die Burg der älteste Profanbau Mecklenburgs mit noch erhaltenen Teilen aus dem 15. Jahrhundert. Noch heute beeindrucken der mächtige runde Bergfried aus Backsteinen, das Torgebäude und die Ringmauer. Nur wenige Kilometer sind es von da aus zum Park von Wöbbelin, wo der Dichter Theodor Körner seine letzte Ruhestätte fand. Er war, wie wir gleich zu Beginn unserer Reise durch Mecklenburg hörten, im Wald von Rosenow, in der Nähe von Lützow, am 26. August 1813 bei einem Gefecht mit napoleonischen Soldaten gefallen. Die Kameraden hatten den Leichnam bis zum etwa fünfzig Kilometer entfernten Wöbbelin mitgeführt und hier unter einer Eiche begraben. Ein schon 1814 errichteter Gedenkstein, den „Leier und Schwert" krönen, erinnert an den Toten und an sein gleichnamiges letztes Werk. Aber Wöbbelin erinnert noch an andere Tote; denn hier ruhen in der Nachbarschaft auch fünftausend Opfer des nationalsozialistischen Konzentrationslagers „Reiherhorst".

Am Ludwigsluster Kanal entlang, der zum Wasserstraßensystem zwischen Elbe und Mecklenburgischer Seenplatte gehört, kommen wir nach Ludwigslust, das einen längeren Aufenthalt lohnt. Die ehemalige kleine Residenzstadt zählt zu den wertvollsten Stadtanlagen in ganz Mecklenburg-Vorpommern. Deutlich läßt schon der Name erkennen, daß sie ihre Entstehung der Lust und Laune eines Fürsten verdankt. Herzog Christian Ludwig II. von Mecklenburg hatte sich bei dem Dorf Klenow ein Jagdschlößchen erbaut, das aber den Ansprüchen seines Sohnes Friedrich nicht mehr genügte. In einer Zeit, in der die deutschen Fürsten, mochten sie auch noch so unbedeutend sein, ihre Residenzen und Schlösser aufs Prächtigste ausstatten, stand auch ihm der Sinn nach Größerem. Ein „mecklenburgisches Versailles" sollte nach seinem Willen entstehen, ohne daß er die Gegensätze verspürte, die allein schon in dieser Wunschvorstellung lagen. In Johann Joachim Busch fand der Herzog einen ungemein tüchtigen Hofbaumeister, der seine Pläne in die Tat umsetzte. Innerhalb von dreißig Jahren schuf er eine kleine spätbarocke Residenz, in deren Mittelpunkt das prächtige Schloß steht. Natürlich ist es ein Backsteinbau wie so viele hier oben im Norden, aber damit es repräsentativer wirkte, wurde es mit Sandsteinblöcken verkleidet, die im Elbsandsteingebirge in Sachsen gebrochen, abwärts bis Dömitz und von da auf

Das Schloß in Ludwigslust

dem Landwege weitertransportiert worden waren. Das Prinzip der geschickten Täuschung, das uns an der Fassade begegnet, wiederholt sich dann auch im Innern des Schlosses. Kaum einer der zahlreichen Besucher dürfte von sich aus merken, daß die kolossalen Säulen und der gesamte Zierat des „Goldenen Saales" aus Pappmaché bestehen. Ein findiger Handwerker hat die täuschend ähnliche und noch dazu wetterbeständige Masse entwickelt, dank derer sich auch die Herzöge von Mecklenburg wie ihre reicheren Standesgenossen einen aufwendigen Prunksaal leisten konnten.

Echt dagegen sind die steinernen Prunkvasen, Brücken und Figuren des Schloßparks, die man ebenso bewundern wird wie die prachtvollen alten und seltenen Bäume oder die Wasserspiele, zu denen das Wasser eigens über einen 24 Kilometer langen Kanal herbeigeführt werden mußte. Der ehemalige Barockgarten wurde von Lenné dann in den größten Landschaftspark Mecklenburgs umgewandelt.

Wer das Leben in dem seit der Mitte des vorigen Jahrhunderts dann doch etwas verschlafenen Garnisonsstädtchen und den umliegenden mecklenburgischen Gütern etwas näher kennenlernen möchte, sollte die Erinnerungen „Hälfte des Lebens" von Gertrud von Le Fort lesen. Der Vater der Dichterin hatte sich als Offizier nach Ludwigslust versetzen lassen, und Gertrud von Le Fort erlebte das Städtchen als junge Dame. Später hat sie in ihrer Novelle „Das fremde Kind" versucht, „die zauberhafte Anmut jener kleinen Sommerresidenz" zu schildern. In den Erinnerungen erzählt sie:

„Das Städtchen Ludwigslust war überaus reizvoll: kleine, freundliche Häuser aus roten Ziegelsteinen wurden überschattet von alten Lindenbäumen, deren Blütenduft und Bienensummen im Juni die ganze Luft erfüllten. Die breite Hauptstraße, die so still war, daß man sich fragte, wonach eigentlich die kleinen neugierigen Spiegel an den Fenstern, Spione genannt, Umschau hielten – das, was man heute Verkehr nennt, war unbekannt, höchstens, daß einmal eine Schwadron der Ludwigsluster himmelblauen Dragoner von einer Übung heimkehrend vorüberritt. Auch der Schloßplatz, auf den die Hauptstraße mündete, war so einsam, daß das Gras zwischen den Pflastersteinen es sich leisten konnte, üppig zu wuchern. Einzig die Kaskaden machten mit ihrer langen Wasserschleppe ihren Hofknicks vor dem einsamen Schloß, das sich nur zu gewissen Zeiten, zum Beispiel während der Jagdsaison, bevölkerte. Jenseits der Kaskaden erhob sich die höchst seltsame Hofkirche, im klassischen Stil eines antiken Tempels erbaut, bei deren Anblick mich immer die Sehnsucht nach den alten Kirchen Hildesheims überkam.

Dann gab es da einen weiten waldartigen Schloßpark mit dem sogenannten Schweizerhaus, wo manchmal kleine intime Hofbälle stattfanden. Dort war ein Saal mit vielen alten, leicht erblindeten Spiegeln, in denen das Bild der Tanzenden geheimnisvoll zurückzuweichen schien. Und hinter dem Haus gab es einen etwas verwilderten, aber eben dadurch von schwärmerischem Reiz erfüllten Garten."[6]

Die Landschaft westlich von Ludwigslust, die im Norden von der Sude, im Südosten von der Elde begrenzt wird, führt nicht nur im Volksmund, sondern auch auf den meisten Karten Mecklenburgs ganz offiziell die Bezeichnung „Griese Gegend". Der Name deutet schon einen Unter-

Das Ivenacker Schloß wurde 1590 auf den Grundmauern eines Zisterzienserinnenklosters aus dem 13. Jh. errichtet. Der heutige Neorenaissancestil des Schlosses entstand nach Umbauten im 18. und 19. Jh. Ivenack, fünf Kilometer östlich der Reuterstadt Stavenhagen, ist eines der Dörfer, denen der Mecklenburger Dichter verbunden war.

Die Eichen von Ivenack gelten als die ältesten Europas, und schon Fritz Reuter war von ihnen fasziniert. In seinem Werk „Meine Vaterstadt Stavenhagen“ schwärmt der Dichter vom „Tiergarten zu Ivenack mit seinen stattlichen Hirschen, seinen tausendjährigen Eichen und einem Baumwuchs, wie er in Deutschland nicht ein zweites Mal gefunden werden dürfte.“

Stavenhagen – die Stadt, in der 1810 Fritz Reuter geboren wurde und die seit 1949 offiziell den Beinamen „Reuterstadt" führt – hat ihrem großen Sohn ein aufwendiges Denkmal (von Wilhelm Wandschneider) gewidmet. Vor dem ehemaligen Rathaus, das 1960 zum Reuter-Literaturmuseum umgebaut wurde, steht eine granitene Sitzbank, über der Mecklenburgs „Nationaldichter" thront. 1911 enthüllte ausgerechnet der Großherzog von Mecklenburg-Schwerin das Denkmal für den Mann, der 1833 wegen „Teilnahme an hochverräterischen Verbindungen und wegen Majestätsbeleidigung" verhaftet worden war.
In die Rückenlehne der Granitbank des Denkmals sind acht Bronzereliefs mit Szenen aus Reuter-Romanen gearbeitet, so auch zu „Ut mine Stromtid". In dem Gesellschaftsroman hat Reuter 1862–64 seine eigenen Erfahrungen als Strom (Gutsvolontär) verarbeitet und den harten Alltag der Mecklenburger Landarbeiter geschildert.

Die Kirche St. Maria und St. Johannes in Malchin, im Herzen der Mecklenburgischen Schweiz gelegen, besticht durch ihre prächtige Innenausstattung. Im Gegensatz zum mächtigen Kirchenschiff wirkt der Chor mit seinen großen, schönen Fenstern hell und freundlich. Die dreischiffige Backsteinbasilika enthält in ihren Mauern noch Reste des spätromanischen Vorgängerbaus, der 1397 abbrannte. Das Dach des Turms stammt aus dem 17.Jh.

Zu den Kunstschätzen der Pfarrkirche von Malchin gehört der spätgotische Schnitzaltar vom Anfang des 15.Jh. Im Schrein des Flügelaltars ist die Marienkrönung dargestellt.

Das 1171 gegründete Zisterzienserkloster von Dargun hat eine wechselvolle Vergangenheit hinter sich. 1552 wurde es säkularisiert. Das Schweriner Herzogshaus ließ es zu einem Renaissanceschloß umbauen, in dem zeitweilig adlige Damen, Witwen und Prinzessinen, wohnten. Ab 1873 beherbergte der vierflüglige Bau die erste Ackerbauschule Mecklenburgs. 1945, kurz nach Kriegsende, brannten Schloß und Klosterkirche bis auf die Grundmauern nieder. Die Ruine der aus dem 14./15.Jh. stammenden Kirche St.Marien läßt noch die strenge Schönheit des spätgotischen Baus erahnen.

Wie so mancher kleiner Ort in Mecklenburg besitzt auch Teterow, mit knapp 12000 Einwohnern Kreisstadt des Bezirks Neubrandenburg, eine stattliche Backsteinkirche. Um 1250, kurz nach Gründung der Stadt, zunächst als Hallenkirche errichtet, wurde sie um 1500 zur dreischiffigen Basilika umgebaut.

Der Teterower See, am Westrand der Mecklenburgischen Schweiz, ist Schauplatz einer gern erzählten Geschichte. Zwei Teterower Fischer hatten einen großen Hecht gefangen, der auf Veranlassung der Ratsherren bis zum nächsten Schützenfest freigelassen werden sollte. Um ihn später wiederzufinden, hängte man ihm eine Glocke um und kerbte das Boot an der Stelle ein, an der man den Fisch ins Wasser gelassen hatte. Den Hecht sahen die Teterower nie wieder, aber dafür können sie seitdem auf den Beinamen „norddeutsches Schilda“ stolz sein.

Den „Schwebenden Engel“ schuf Ernst Barlach, der seit 1910 in Güstrow lebte, in den Jahren 1926/27 für die Gefallenen des Ersten Weltkriegs; er trägt die Züge von Käthe Kollwitz. 1937 wurde die Skulptur von den Nationalsozialisten als „entartete Kunst“ aus dem Güstrower Dom entfernt und später zynischerweise zu Rüstungszwecken eingeschmolzen. 1953 wurde dem Dom in Güstrow ein Nachguß der berühmten Skulptur übergeben.

Vorhergehende Seite: Das Güstrower Schloß ist einer der bedeutendsten Renaissancebauten Norddeutschlands. Nachdem 1557 das alte Residenzschloß weitgehend durch einen Brand zerstört worden war, ließ Herzog Ulrich von Mecklenburg-Güstrow das Schloß grundlegend um- und neugestalten. Der norditalienische Baumeister Franz Parr begann 1558 mit der Arbeit, unter dem Niederländer Philipp Brandin wurde der Bau 1588 vollendet.
Das Güstrower Schloß lernte in seiner langen Geschichte die unterschiedlichsten Bewohner kennen. Als während des Dreißigjährigen Krieges Wallenstein mit Mecklenburg belehnt wurde, wählte er Güstrow zu seinem Sitz. Er lebte von Juli 1628 bis Juni 1629 im Schloß. 1806 diente der Renaissancebau der napoleonischen Armee als Kaserne, 1811/12 als französisches Lazarett. Zwei Jahre später nahmen hier die Freiwilligen Jäger Quartier, um sich für den Kampf gegen die französischen Besatzer zu sammeln. Von 1917–45 wurde das Schloß zum „Landesarbeitshaus“ umfunktioniert, in dem Obdachlose und sogenannte Rebellen zur Zwangsarbeit verurteilt waren. Später diente die einstige Fürstenresidenz als Altersheim. Ab 1964 wurde das Schloß restauriert und zu einem kulturellem Zentrum des Landkreises ausgebaut.
Unten: Das Rathaus am Güstrower Marktplatz bestand ursprünglich aus fünf nebeneinanderstehenden Giebelhäusern. Ende des 18.Jh. wurden sie durch David Anton Kufahl mit einer einheitlichen klassizistischen Schaufassade verbunden.

Die Apostelfiguren im Güstrower Dom zählen zu den kostbarsten Skulpturen spätgotischer Kunst in Deutschland. Um 1530 schuf der Lübecker Bildschnitzer Claus Berg elf der zwölf Meisterwerke, wie auch den hier abgebildeten hl. Petrus. Die realistisch gestalteten, ausdrucksvollen Figuren sind in dreiviertel Lebensgröße gearbeitet.

Auf dem Sterbebett, so heißt es, stiftete Fürst Heinrich Borwin II. im Jahre 1126 eine Kollegiatskirche in Güstrow, die die Gegend dem Christentum öffnen sollte. Über hundert Jahre, bis 1335, wurde an dem backsteinernen Dom gearbeitet. Neben zahlreichen Anbauten entstand am Turm ein Zinnengiebel mit Blenden und Fenstern.
Der Güstrower Dom ist Grabstätte mehrerer Mecklenburger Fürsten. Besonders beeindruckend ist das Renaissancewandgrab des 1603 verstorbenen Herzogs Ulrich und seiner zwei Gemahlinnen. Das Grab für den Herzog und seine erste Frau, die 1586 verstorbene Elisabeth von Dänemark, schuf Philipp Brandin; die Statue der zweiten Frau, Anna von Pommern-Wolgast, stammt von Claus Midow und Bernd Berninger. Die überlebensgroßen Figuren knien vor einem Betpult, über ihnen sind ihr jeweiliger Stammbaum und ihr Wappen zu sehen.

Nachfolgende Seiten:
Georg Friedrich Kersting, 1785 in Güstrow geboren, wird heute neben seinen berühmten Landsleuten und Malerfreunden Caspar David Friedrich und Philipp Otto Runge oft wenig Beachtung geschenkt. „Der kleine Mecklenburger", wie er genannt wurde, fand jedoch schon Goethes Anerkennung als „kunstfertiger Mahler". Auf Wunsch Goethes wurden zwei Bilder Kerstings, darunter „Der elegante Leser", nach Weimar gebracht. Kersting hat sich seinen Rang in der Kunstgeschichte vor allem durch seine Innenraumbilder geschaffen. Von besonderer Bedeutung ist das Bild „Auf Vorposten". Es stellt die Kämpfer des Lützowschen Freikorps Theodor Körner, Friesen und Hartmann dar, die alle drei in den Befreiungskriegen gegen Napoleon fielen. Kersting war nach einem Aufruf Körners 1813 dem Freikorps beigetreten und später zum Offizier befördert worden.

Oben: Die Müritz ist mit 116,8 km^2 der größte See der Mecklenburgischen Seenplatte und nach dem Bodensee Deutschlands größtes Binnengewässer. Ihr Name leitet sich von „Morcze“, slawisch für „kleines Meer“, ab. Herrlich gelegen, am nordwestlichen Ende des Sees, ist Schloß Klink, ein 1897/98 errichteter Neorenaissancebau, der ebenso wie das Schloß in Schwerin, den Loireschlössern nachempfunden ist.

Rechts oben: Echt mecklenburgisch, d. h. ganz in Backstein, gibt sich die Burg von Neustadt-Glewe aus dem 14./15.Jh. Obwohl sie zu den ältesten Profanbauten Mecklenburgs gehört, ist sie einer der besterhaltenen Wehranlagen Norddeutschlands. Die mecklenburgischen Herzöge nutzten den kleinen Ort an der Elde als Nebenresidenz; das „Neue Haus“ der Burg diente bis Mitte des 18.Jh als herzogliche Wohnung.

Rechts unten: In Parchim, dem Geburtsort des preußischen Generalfeldmarschalls von Moltke, hatte von 1818–40 der höchste Gerichtshof für die beiden mecklenburgischen Großherzogtümer, das Oberappellationsgericht, seinen Sitz. Der Ludwigsluster Hofbaumeister Johann Georg Barca gestaltete dafür das Rathaus aus dem 14.Jh. um. Über der Tür erkennt man den schwarzen Stier des mecklenburgischen Landeswappens.

Das schlichte Jagdschloß Christian Ludwigs II. von Mecklenburg-Schwerin ließ sein Sohn Friedrich 1772–76 durch das prunkvolle Residenzschloß „Ludwigslust" ersetzen.
Bei der Inneneinrichtung des Schlosses mußte gespart werden. Der 300 km^2 große Goldene Saal ist nicht ganz so golden, wie sein Name vorgibt. Die Schmuckelemente, der „Stuck" und andere Verzierungen, sind überwiegend aus Pappmaché, das in der Werkstatt „Ludwigsluster Carton" hergestellt wurde.
Rechte Seite: Zwischen Elbe, Sude und Elde liegt die „Griese Gegend", die durch kargen Sandboden und weite Sümpfe stets der ärmste Landstrich im Herzogtum Mecklenburg-Schwerin gewesen ist. Ob sich der Beiname der Region nun von niederdeutsch „gries" für „arm, karg" ableitet oder von der grauen Farbe des Bodens ist umstritten. Ganz so grau ist der Landstrich allerdings nicht; Kiefernwälder, Wiesen und Kanäle prägen das Bild.
Eine Besonderheit der Griese Gegend sind die niederdeutschen Hallenhäuser, deren Fachwerk mit „Klump" ausgefüllt ist, stark eisenhaltigen, schlackeartigen Steinen, die in den Torfniederungen gefunden werden. Solche mit sogenanntem Raseneisenstein gebauten Häuser findet man vor allem in Glaisin und Bresegard, südwestlich von Ludwigslust.

Links und oben: Auf einer Insel zwischen Schweriner See und Burgsee liegt das Schweriner Schloß, das in den Jahren 1843–57 sein heutiges phantasievolles Gesicht bekam. Von 1358 bis 1918 war Schwerin die Residenz der mecklenburgischen Herzöge, nur in den Jahren von 1756 bis 1837 residierte man in Ludwigslust. Als der Hof wieder in die „Stadt der Seen und Wälder" verlegt wurde, entstand der Plan einer Neugestaltung des Schlosses. Herzog Friedrich Franz II. ließ seinen Hofbaumeister Georg Adolph Demmler nach Frankreich und Großbritannien reisen, um Anregungen und Inspirationen zu sammeln. Das Loireschloß Chambord scheint den Architekten am stärksten beeindruckt zu haben; es stand Pate beim Entwurf des Fünfflügelbaus.
Rechts: Von besonderer Pracht ist der Thronsaal, der 1858 vollendet wurde. Anders als in Ludwigslust hat man hier nicht mit echter Goldverzierung gespart. Der Thronsessel steht unter einem prunkvollen Baldachin.
Links unten: Vom Schloß blickt man hinüber auf die Altstadt, die vom 117,5 Meter hohen Turm des Doms überragt wird. Es ist der höchste noch erhaltene Kirchturm Mecklenburg-Vorpommerns. Der monumentale weiße Bau des Mecklenburgischen Staatstheaters wurde 1883–85 nach Plänen von Georg Daniel im Neorenaissancestil errichtet. Auch das rechts anschließende Staatliche Museum Schwerin ist in einem pompösen Gebäude untergebracht, das von Demmler als herzogliches Palais begonnen wurde. Über eine Freitreppe gelangt man zu einem von ionischen Säulen getragenen Portikus. Das Museum beherbergt eine der bedeutendsten Kunstsammlungen der ehemaligen DDR.

Der kleine Ort Gadebusch erlebte seine Glanzzeit im 16.Jh., als Herzog Christoph – ein Bruder des regierenden Herzogs und Bischof von Ratzeburg – hier seine Residenz hatte. Er ließ an Stelle einer Burg aus dem 12.Jh. ein kleines, aber repräsentatives Schloß errichten. Mit seinen Terrakottafriesen und -pilastern erinnert der dreigeschossige Bau an den Fürstenhof in Wismar, vermutlich stammt beider Fassadenschmuck aus derselben Lübecker Werkstatt des Statius von Düren.
Rechts: Neben dem Schloß ist auch die alte Pfarrkirche in Gadebusch einen Abstecher von Schwerin oder Ratzeburg wert. Die älteste Stadtkirche Mecklenburgs, St.Jakob und St.Dionysus geweiht, enstand zu Beginn des 13.Jh.

schied zu den bisher durchfahrenen Landschaften der Seenplatte an. Zwar drängt sich in ihm die Assoziation zu „triste Gegend“ auf, doch wäre dies falsch. Sicher ist es keine Landschaft, die Ausflügler und Touristen in größerer Zahl anlockt, doch hat auch diese Region ihren Reiz. Von Nordosten nach Südwesten durchschneiden kleine Flußtäler das Land, dazwischen liegen weite Sandebenen und mehrere bis zu hundert Meter hohe Kuppen wie beispielsweise im Süden bei Malliß der Wantzeberg. Kiefernwälder, Wiesen, Sumpfland bieten dem Auge nicht viel Abwechslung und die kargen Böden den hier lebenden Menschen nur ein bescheidenes Auskommen. Welch' ein Unterschied zu dem nur knapp siebzig Kilometer nördlich liegenden fruchtbaren Klützer Winkel! Die Gutsherrschaft trug bis weit ins 19. Jahrhundert hinein noch zur Festigung der bestehenden rückständigen Verhältnisse bei, das bescheidene bodenständige Handwerk litt seit 1870 unter der sich rasch ausbreitenden Industrialisierung. Kein Wunder also, wenn „gries“ als „arm“ oder „karg“ gedeutet wird, während andere meinen, es hinge mit „grau“ im Sinne von „dürftig“ oder „graue Maus“ zusammen. Die Armut zwang gerade in der zweiten Hälfte des 19. Jahrhunderts viele Menschen zur Auswanderung nach Amerika. Von dem Schicksal eines solchen Auswanderers erzählt der aus Glaisin, südlich von Ludwigslust, stammende Lehrer und Schriftsteller Johannes Gillhoff in seinem Roman „Jürn Jakob Swehn, der Amerikafahrer“. Er stützte sich dabei auf die Briefe, die der ausgewanderte Sohn eines armen Tagelöhners an seinen ehemaligen Lehrer in der Heimat geschrieben hatte. Gillhoff verstand es, die behutsam redigierten Briefe Swehns geschickt mit seinen eigenen Betrachtungen zu verbinden und schuf auf diese Weise einen Roman, der ein beachtenswertes Zeitzeugnis darstellt und zu den besten Beispielen norddeutscher Heimatliteratur gehört. In einem Aufsatz „Land und Leute der Griesen Gegend“ hat er übrigens ein gutes Bild seiner Heimat und ihrer Bewohner gezeichnet. Ihm sind die folgenden Zeilen über die Leute dieses Landstrichs entnommen, den er einmal so schön und treffend „Land der tönenden Stille“ genannt hat:

„Dem Bauern ist Phantasie durchweg fremd, wenig ausgebildet auch der Sinn für des Hauses und des Lebens Schmuck. Die harte Arbeit ließ

Erntearbeiter um 1938

ihm wenig Zeit dazu. In allem ein Bauer, der im Grünen wurzelt, aber nicht ins Blaue hineingreift. Binnen und buten aufrecht und von starkem Rückgrat. In allem ein Mensch, wert auf eigener Scholle zu stehen. Von jener großen Gelassenheit, die nur in jahrhundertelanger zäher Arbeit auf dürftigem Boden als bestes Erbteil erwächst. Bedächtig im Zugreifen, langsam im Denken, langsam im Reden, langsam im Handeln. Nichts vom Augenblick erwartend, aber zäh durchhaltend und nicht von dem ablassend, was er sich vorgenommen hat zu tun. Herb und schwer wie sein Land. Vielleicht als slawisches Erbteil ein Schuß Mißtrauen im Blut. Ohne viel Gefälligkeit des ersten Entgegenkommens. Vielmehr jenes verhaltene Zögern und Aufwarten, das Menschen und Vorschläge an sich herankommen läßt. 'Freundschaft' steht dort ausschließlich für Verwandtschaft. Freundschaft in dem uns üblichen Sinn will dort mehr als anderswo erworben sein. Hat man sie auch gewonnen, dann bleibt sie wertbeständig in Not und Tod. Dann erschließt sich auch – in kargen Worten – zuweilen das so unsagbar zarte, weiche Gemüt, durch dessen Tiefe unbekannte Ströme rauschen. In den eckigen Köpfen ist viel Klugheit des Lebens aufgespeichert. Aber mit dem ihnen angedichteten Zweiseelentum-Rationalismus mit starkem Einschlag zum Mystizismus, mit der in sie hineingeheimnisten Verbindung von verträumter Romantik und nüchternem Realismus sollte man in Zukunft vorsichtiger umgehen."[7]

Der Südwestrand der Griesen Gegend geht über in die Elbniederungen, die den Westrand Mecklenburgs von Dömitz bis Boizenburg bildet. Die Elbe war jahrzehntelang der streng bewachte und gesicherte Grenzfluß. Heute ist der düstere Spuk verschwunden, seit Ende 1992 ist bei Dömitz die Elbbrücke wieder hergestellt, so daß der Verkehr auf der B 191 ungehindert von Westdeutschland bis nach Polen rollen kann.

Die Festung Dömitz, die das alte Dreiländereck Hannover, Brandenburg und Mecklenburg überwachen sollte, war schon im 16. Jahrhundert errichtet worden. Großen militärischen Ruhm konnte sie nie einheimsen; 1809 wurde sie von den Franzosen belagert und rasch eingenommen.

Dömitz, Stahlstich um 1845

Dafür kam sie aber sozusagen zu literarischem Ruhm; denn Fritz Reuter wurde im Sommer 1838 nach Dömitz überstellt und büßte dort den letzten Teil seiner berüchtigten Haft, bis ihn im August 1840 sein Landesherr entließ. Im letzten Kapitel seines autobiographischen Romans „Ut mine Festungstid" hat er Dömitz ein versöhnliches literarisches Denkmal gesetzt.

Auch das gut fünfzig Kilometer elbabwärts gelegene Boizenburg geht, wie schon der Name andeutet, auf eine alte Burg des zwölften Jahrhunderts zurück, die dort Heinrich der Löwe hatte anlegen lassen. Heute ist es ein Industrieort mit einer reizvollen alten Innenstadt, die nach einem großen Brand zu Beginn des 18. Jahrhunderts neu angelegt wurde. Aus dieser Zeit stammt auch das Fachwerkrathaus, das als eines der schönsten in ganz Norddeutschland gilt. Um die Mitte des 19. Jahrhunderts wirkte der aus dem benachbarten Herzogtum Lauenburg stammende Ludwig Reinhard als Schulrektor in Boizenburg. Er trat neben seiner Lehrtätigkeit als Journalist und Schriftsteller hervor und nahm ungemein aktiv Anteil am politischen Leben. So war er Freund und Berater Fritz Reuters, 1848 Abgeordneter in der Paulskirche und schließlich an der Seite August Bebels Redakteur der „Allgemeinen Deutschen Arbeiterzeitung". Boizenburg verdankt ihm einen gewissen Bekanntheitsgrad; denn er schuf mit der „Korrespondenz aus Boizenburg" zeitkritische Glossen, wie die folgende Probe beweist:

„Elbe und Eisenbahn sind die zwei bedeutendsten Faktoren unserer Zustände. Sie sind dasselbe für uns, was für eine Residenz der Hofstaat ist. Die Befürchtungen, daß mit der Öffnung der Eisenbahn die Elbschifffahrt von der galoppierenden Schwindsucht würde befallen werden, sind bis dato noch nicht in Erfüllung gegangen. Dank dem bedeutend billigeren Wassertransport. Gleichfalls hat unser Dampfschiff 'Friedrich Franz' seine Fahrten nach Hamburg nicht eingestellt; nur daß der terminus a quo nicht mehr wie früher Boizenburg ist, sondern Dömitz. Das Passagiergeld ist so bedeutend herabgesetzt, daß die Kosten für die Person zweiten Platzes von Boizenburg bis Hamburg 14 Schilling betragen; macht pro Meile etwa 1 1/2 Schilling, sage: drei Sechsling.

Wichtige Fragen, die wir, mit Johann Heinrich Voss zu reden, in des Herzens Geist und Empfindung herumwälzen, möchten folgende sein: Wird unser etwa eine halbe Stunde abseits liegender Bahnhof mit Stadt und Hafen und Elbe in eine angemessene Verbindung gesetzt werden? Wird diese Verbindung durch eine Zweigbahn oder durch einen Kanal vermittelt? Wie ist unser Hafen zu kurieren? Derselbe hat, was Flachheit und Seichtigkeit anbetrifft, bedeutende Ähnlichkeit mit Ida Hahn-Hahn. Eine andere Frage freilich möchte in Zukunft die sein: Wird jene proportionierte, projektierte, approbierte Verbindung überhaupt eine ersprießliche sein? Denn Lübeck geht nun mit seiner Bahn auf Büchen; eine Zweigbahn von Lauenburg nach Büchen ist bereits im Werke. Ergo wird Hannover auch Lauenburg und nicht, wie wir bisher hofften, Boizenburg zu seinem Anschlußpunkt erkiesen. Man sehe die Landkarte. Es gab einmal eine Zeit und ist noch nicht lange her, wo Lübeck seinem Nachbarn Mecklenburg die Hand hinreichte zwecks einer Anschließung an die Schweriner Bahn. Es war das Anerbieten eines Kompaniegeschäfts. Mecklenburg wies die Hand zurück."[8]

Eigentlich könnte unsere Rundfahrt hier im westlichsten Zipfel des neuen Bundeslandes zu Ende gehen. Nur zwölf Kilometer sind es noch bis nach Lauenburg, dem einstigen Hauptstädtchen des gleichnamigen Herzogtums, dessen Titel Bismarck von Kaiser Wilhelm II. etwas großspurig und sozusagen als Trostpflaster für die Abdankung verliehen wurde. Wenn wir aber noch nach Gadebusch, an den Ausgangspunkt der Rundreise zurückkehren wollen, geht die Fahrt über Wittenburg, eines der ältesten Städtchen Mecklenburgs, und über Perlin. Halten müßten wir hier eigentlich nicht mehr; doch erwartet uns noch der Herr Leberecht Hühnchen, oder, genauer gesagt, sein Schöpfer. Wieder einmal ist es eine Gedenktafel am ehemaligen Pfarrhaus, die an einen Pfarrerssohn erin-

Das Ehepaar Seidel um 1900

nert, an den 1842 in Perlin geborenen Schriftsteller Heinrich Seidel, den sein Lebensweg „von Perlin nach Berlin" führte, wie er es selbst in einer autobiographischen Studie nannte. Bekannt wurde er durch seinen einmal viel gelesenen, heute etwas vergessenen und doch immer noch lesenswerten Roman „Leberecht Hühnchen", die Geschichte eines Lebenskünstlers. Eine „Prosaidylle" hat er sie selbst genannt. Sie erzählt von einem Menschen, der trotz bescheidener materieller Verhältnisse nie seinen Lebensmut verliert.

Vielleicht sind das so stark betonte Idyll, die beschauliche Beschränkung und Bescheidenheit nicht nach jedermanns Geschmack. Und vielleicht gefällt es auch nicht jedem, daß die Reise, die im Zeichen des Machtmenschen und Fürsten Heinrich des Löwen begann, nun mit dem selbstzufriedenen, kleinen, bescheidenen Leberecht Hühnchen enden soll. Wem das nicht zusagt, der kann ja getrost nach Ratzeburg zurückkehren. Wer aber einverstanden ist, sollte die gewonnene Zeit nutzen, vielleicht die reizvolle Studie über den Schriftsteller und sein Werk von Theodor Heuss zur Hand nehmen oder im „Leberecht" selbst lesen. Er wird mit Erstaunen auf Lebensweisheiten stoßen wie etwa den Satz: „Die Literatur gewährt uns doch Genüsse der verschiedensten Art. Zum Beispiel, wenn ich dies Buch nur sehe, da durchrieselt mich gleich mit sonderbarem Wohlbehagen der Dank gegen die Vorsehung, daß ich nicht nötig habe, es zu lesen ..."

Menschen in Mecklenburg-Vorpommern

Arndt, Ernst Moritz: Der Sohn eines ehemaligen Leibeigenen und schwedischen Untertanen wurde am 16.12.1769 in Groß-Schoritz auf Rügen geboren. Nach dem Studium in Greifswald und Jena unternahm er ausgedehnte Reisen durch Europa. 1805 wurde er Professor für Geschichte an der Universität Greifswald. Da Arndt gegen Napoleon und Frankreich agierte, wurde er zeitweilig geächtet und mußte seine Heimat verlassen. Es folgten unstete Wanderjahre mit Aufenthalten in Berlin, Breslau, Prag und schließlich als Sekretär des Freiherrn von Stein in St. Petersburg. In dieser Zeit entstand eine Reihe seiner wichtigsten politischen Schriften und Lieder. 1818 erhielt er eine Professur in Bonn, wurde aber schon 1820 im Zuge der Metternichschen Verfolgungen seines Amtes enthoben. Unermüdlich kämpfte er in seinen Schriften für ein einiges und freies Deutschland. 1848 gehörte er als Abgeordneter der Frankfurter Nationalversammlung an. Hochbetagt starb er am 29.1.1860 in Bonn.

Barlach, Ernst: Er stammte aus Wedel in Holstein, wo er am 2.1.1870 geboren wurde. Nach Jahren des Wanderns, Lernens und Reifens, die ihn nach Dresden, Berlin, Rußland und Florenz führten, ließ er sich vor dem Ersten Weltkrieg endgültig in Güstrow nieder, wo seine bedeutendsten Werke entstanden. 1933 verfemten ihn die Nazis als Vertreter „entarteter Kunst" und vernichteten einen großen Teil seiner Werke, die in ihrer strengen Form und großen Ausdruckskraft heute so tief beeindrucken. Barlach trat nicht nur als Graphiker und vor allem Bildhauer, sondern auch als Dichter hervor und schuf sieben Dramen, zwei unvollendete Romane und mehrere autobiographische Werke. Er starb am 24.10.1938 in Rostock.

Blücher, Leberecht: Der am 16.12.1742 in Rostock geborene Blücher trat als junger Mann erst in schwedische Militärdienste, danach in preußische. Nachdem er schon 1770 seinen Abschied erhalten hatte, wurde er 1787 wieder reaktiviert, zeichnete sich als Reiteroffizier während der Revolutionskriege aus und brachte es 1801 bis zum General. Auf Drängen Napoleons seines Postens enthoben, wurde er 1813 Oberbefehlshaber der Schlesischen Armee und hatte entscheidenden Anteil an dem Sieg der Verbündeten über Napoleon. Der ungemein volkstümliche Heerführer erhielt 1813 den Rang eines Generalfeldmarschalls. Seine Soldaten gaben ihm daraufhin den Namen „Marschall Vorwärts". Gemeinsam mit Wellington besiegte er 1815 Napoleon bei Waterloo. 1814 erhielt er den Titel Fürst Blücher von Wahlstatt. Am 12.9.1819 starb er in Krieblowitz (Schlesien).

Brinckman, John: Der am 3.7.1814 in Rostock geborene Brinckman wanderte als junger Mann 1839 nach Nordamerika aus, kehrte aber schon 1842 in seine mecklenburgische Heimat zurück und arbeitete danach als Lehrer. 1855 veröffentlichte er sein erstes Werk „Kasper-Ohm un ick", mit dem er sich bereits als bedeutender plattdeutscher Dichter auswies. Es folgten verschiedene Erzählungen und Gedichte. Er starb am 20.9.1870 in Güstrow.

Demmler, Georg Adolf: Der Sohn eines Uckermärckers und einer Mecklenburgerin wurde am 22.12.1804 in Berlin geboren. Schon mit 15 Jahren ging er an die Berliner Bauakademie und wurde mit Unterstützung seines Lehrers Karl Friedrich Schinkel im Alter von 19 Jahren als Baumeister in den mecklenburgischen Staatsdienst berufen. Nachdem er eine Reihe von wichtigen Bauten in Schwerin geschaffen hatte, übertrug ihm der Großherzog den Bau des neuen Schlosses in Schwerin. Dieser war noch nicht vollendet, als Demmler wegen seiner Teilnahme an den demokratischen Bewegungen der Revolution von 1848 entlassen wurde. Nach ausgedehnten Reisen durch Europa kehrte er erst 1857 nach Schwerin zurück, wo er sich weiterhin politisch stark engagierte. Seit 1868 gehörte er der Deutschen Volkspartei an, 1878 wurde er in den Reichstag gewählt. Er starb am 2.1.1886 in Schwerin.

Fallada, Hans: Rudolf Ditzen, wie er eigentlich hieß, wurde am 21.7.1893 als Sohn eines Richters in Greifswald geboren, besuchte aber nach der Versetzung des Vaters die Schule in Berlin und Rudolfstadt. Dem ungemein sensiblen und kränklichen Jungen gelang aber kein Schulabschluß. Von 1913 an schlug er sich mehr schlecht als recht durch, versuchte sich in mehreren Berufen und kam wegen Unterschlagung zweimal ins Gefängnis. 1932 schrieb er seinen ersten Roman „Kleiner Man, was nun?", der ein Welterfolg wurde und ihm ermöglichte, in Carwitz bei Feldberg/Mecklenburg ein Haus zu kaufen und sich dort seiner schriftstellerischen Arbeit zu widmen. In den folgenden Jahren entstanden seine bekanntesten Werke, darunter „Wer einmal aus dem Blechnapf frißt", „Wolf unter Wölfen" oder „Geschichten aus der Murkelei". Mit „Jeder stirbt für sich allein" schrieb er nach dem Krieg einen Roman über die Widerstandsbewegung in Deutschland zur Hitlerzeit. Kurz danach starb er am 5.2.1947 in Berlin.

Friedrich, Caspar David: Der aus Greifswald stammende Maler wurde am 5.9.1774 geboren. Nach vier Studienjahren in Kopenhagen zog er 1798 nach Dresden, wo er von 1816 an als Lehrer an der Kunstakademie wirkte. Hier schuf er seine berühmtesten Gemälde, für die er auch häufig Motive aus seiner pommerschen Heimat wählte, so etwa „Kreidefelsen auf Rügen" (um 1818) oder „Wiesen bei Greifswald" (um 1820). Mit seinen Bildern gehört er zu den bedeutendsten Malern der Romantik. Er starb nach Jahren geistiger Umnachtung am 7.5.1840 in Dresden.

Friedrich Franz I.: Geboren am 10.12.1736 in Schwerin, folgte er 1785 seinem Onkel als Herzog von Mecklenburg. 1785 trat er dem Deutschen Fürstenbund bei, 1803 erwarb er Wismar von Schweden. Er schloß sich

1808 dem Rheinbund an, sagte sich aber als erster deutscher Fürst 1813 davon los und beteiligte sich an den Freiheitskriegen gegen Napoleon. 1815 nahm er den Titel eines Großherzogs an. Er starb 1837 in Ludwigslust.

Gillhoff, Johannes: Am 24.5.1861 in Glaisin geboren, arbeitete er in seiner mecklenburgischen Heimat als Lehrer und Schriftsteller, wobei er vorwiegend als Verfechter einer volkstümlichen, unsentimentalen Heimatliteratur hervortrat. Sein bekanntestes Werk ist „Jürnjakob Swehn der Amerikafahrer" (1917), in dem er die Schicksale eines in die USA ausgewanderten mecklenburgischen Tagelöhners schildert. Johannes Gillhoff starb am 16.1.1930 in Parchim.

Glaßbrenner, Adolf: Geboren am 27.3.1917 in Berlin, arbeitete er in seiner Vaterstadt als Journalist und veröffentlichte hier unter dem Pseudonym Adolf Brennglas politische Satiren und Beiträge zur Volksliteratur. 1840 mußte er Berlin verlassen und lebte bis 1850 in Neustrelitz, danach in Hamburg und ab 1858 bis zu seinem Tode 1876 wieder in Berlin, wo er das Witzblatt „Berliner Montagszeitung" herausbrachte.

Gustav II. Adolf: Er wurde als Sohn König Karls IX. von Schweden 1594 in Stockholm geboren. 1611 folgte er dem Vater auf den Thron. Aus Sorge um die Zukunft des Protestantismus und beunruhigt wegen des habsburgischen Vordringens in Norddeutschland landete er 1630 in Pommern, schloß einen Unterstützungsvertrag mit Frankreich und kämpfte erfolgreich gegen Wallenstein und die kaiserlichen Truppen. Bei Lützen siegte er am 6.(16.)11.1632 über Wallenstein, bezahlte diesen Sieg aber mit seinem Leben.

Hauptmann, Gerhard: Der bekannte Dramatiker stammt aus Schlesien, wo er am 15.11.1862 in Ober-Salzbrunn geboren wurde. Noch bevor er als Schriftsteller hervortrat, besuchte er 1885 erstmals Hiddensee und blieb der Insel in den folgenden Jahrzehnten eng verbunden. 1930 erwarb er hier ein Haus, wo er die Ruhe für seine schöpferischen Arbeiten fand. Er starb am 6.6.1946 in Agnetendorf, die russischen Besatzungstruppen respektierten seinen letzten Wunsch, in Kloster auf Hiddensee begraben zu werden, und ließen den Leichnam dorthin überführen.

Heinrich der Löwe: Der 1129 geborene Heinrich der Löwe aus dem Geschlecht der Welfen wurde 1142 Herzog von Sachsen und 1156 auch von Bayern. Als der wohl mächtigste Reichsfürst betrieb er vor allem in Norddeutschland eine ausgreifende Territorialpolitik, in deren Verlauf er die slawischen Stammesfürsten in Mecklenburg und Pommern unterwarf. 1160 gründete er als erste Stadt in dem neu eroberten Gebiet Schwerin. Seine Eroberungspolitik wurde jäh unterbrochen, als er sich mit Kaiser Friedrich Barbarossa verfeindete und geächtet wurde. Er verlor seine Herzogtümer und mußte nach England ins Exil gehen, unter Heinrich VI. durfte er nach Braunschweig zurückkehren, wo er am 6.8.1195 starb.

Johnson, Uwe: Am 20.7.1934 in Kammin im ehemaligen Hinterpommern (heute Polen) geboren, verbrachte er seine Kindheit in Anklam und Recknitz in Mecklenburg, die Oberschule besuchte er in Güstrow. Später studierte er in Rostock und Leipzig Germanistik. Da er unter dem SED-Regime keine Anstellung erhielt, widmete er sich der Schriftstellerei und wurde mit Romanen wie „Das dritte Buch über Achim" oder „Mutmaßungen über Jakob" bald einer der bedeutendsten deutschen Erzähler der Gegenwart. Bis 1974 lebte er – mit Unterbrechungen – in West-Berlin, danach in Kent in England, wo er am 23.2.1984, erst fünfzigjährig, starb.

Kersting, Georg Friedrich: In Güstrow am 31.10.1785 geboren, erhielt er wie Caspar David Friedrich und Philipp Otto Runge, mit denen er befreundet war, seine Ausbildung in Kopenhagen. Später lebte er in Dresden und fand in Goethe einen Gönner. Nach seiner Teilnahme an den Kämpfen gegen Napoleon arbeitete er in Warschau und Meißen, wo er am 1.7.1847 starb. Als Biedermeiermaler schuf Kersting vorwiegend stimmungsvolle Interieurs.

Körner, Karl Theodor: Der am 23.9.1793 in Dresden geborene Körner studierte in Freiberg und Leipzig und wurde schon 1813 Hoftheaterdichter in Wien. Kurz danach schloß er sich als Freiwilliger den Lützower Jägern an. Aus dieser Zeit stammen seine vaterländischen Lieder, die 1814 in der Sammlung „Leier und Schwert" veröffentlicht wurden und wie kaum eine andere Dichtung die Begeisterung für den Befreiungskampf gegen Napoleon spiegeln. Er selbst fiel am 26.8.1813 bei Gadebusch und wurde im Park von Wöbbelin begraben.

Kosegarten, Ludwig Gotthard: Kosegarten stammt aus Grevesmühlen, wo er am 1.2.1758 geboren wurde. Zeitweilig wirkte er als Probst in Altenkirchen auf Rügen, später als Professor der Theologie in Greifswald. Bekannt wurde er durch seine „Strandpredigten" und vor allem durch seine etwas schwülstige Lyrik, die aber in ihrem Pathos dem Zeitgeist sehr entgegenkam. Zu seinem Bekanntenkreis zählten Herder, Goethe und Schiller. Er starb am 26.10.1818 in Greifswald.

Le Fort, Gertrud: Die am 11.10.1876 in Minden als Tochter eines preußischen Offiziers geborene Dichterin lebte ab 1898 in Ludwigslust. Nach dem Tode des Vaters unternahm sie von 1902 an ausgedehnte Reisen. Schon 1893 hatte sie begonnen, Erzählungen und Gedichte zu veröffentlichen. Mehr und mehr trat sie nun als Dichterin hervor. Ihre Hinwendung zur katholischen Kirche führte 1926 zur Konversion. Religiöse Fragen spielten auch in ihren Werken stets eine wichtige Rolle. Sie gilt heute als die wohl bedeutendste katholische Erzählerin unserer Zeit. Sie starb am 1.11.1971 in Obersdorf, wo sie seit 1949 lebte.

Lenné, Peter Joseph: Der bedeutendste Gartenarchitekt seiner Zeit wurde am 29.9.1789 in Bonn geboren, er starb am 23.1.1866 in Potsdam. Er setzte sich für die englische Gartenbaukunst in Deutschland ein. Bekannt wurde er vor allem durch seine Arbeiten in Potsdam und als Generaldirektor der königlichen Gärten in Preußen, aber auch in Mecklenburg schuf er berühmte Gärten wie den Schloßpark von Ludwigslust.

Lilienthal, Otto: Der Ingenieur Lilienthal stammt aus Anklam, wo er 23.5.1848 geboren wurde. Seit seiner Jugend beschäftigte er sich mit den Problemen des Vogelflugs und wurde in seinen Forschungen und Versuchen von seinem Bruder unterstützt. Nach dem Tode des Vaters zog die Familie nach Berlin, wo Lilienthal studierte. In der Umgebung der Stadt setzte er seine Flugversuche fort. Dabei entwickelte er insgesamt 18 verschiedene Flugapparate, mit denen ihm etwa 2000 Gleitflüge gelangen. Bei einem Absturz erlitt er tödliche Verletzungen und starb am 10.8.1896. Auf seinen Versuchen bauten in Amerika die Brüder Wright auf.

Loewe, Carl: Der aus Löbejün bei Halle stammende Loewe wurde am 30.11.1796 geboren und arbeitete als Musiklehrer und städtischer Musikdirektor in Stettin. Wir verdanken ihm meisterhafte Vertonungen zahlreicher bekannter Balladen. Gestorben am 20.4.1869 in Kiel.

Luise, Königin: Die Tochter des Herzogs Karl II. von Mecklenburg-Strelitz wurde am 10.3.1776 in Hannover geboren. 1793 heiratete sie den späteren preußischen König Friedrich Wilhelm III. Nach der preußischen Niederlage bei Jena und Auerstedt mußte sie 1806 mit ihren Kindern nach Ostpreußen flüchten. Vergeblich suchte sie in Tilsit bei einer Unterredung mit Napoleon mildere Friedensbedinungen für ihr Land zu erreichen. Durch dieses Bemühen und ihr bescheidenes, freundliches Auftreten war sie beim Volk sehr beliebt. Die Sorge um das Schicksal Preußens mag an ihren Kräften gezehrt haben. So starb sie, erst 34jährig, am 19.7.1810 in Hohenzieritz bei Neustrelitz.

Lützow, Adolf Frh. v.: Geboren am 18.5.1782 in Berlin. Der preußische Reiteroffizier nahm an dem Unternehmen Schills teil, entging aber der Gefangennahme und gründete 1813 aus nichtpreußischen Freiwilligen das nach ihm benannte Freikorps bzw. „Die schwarze Schar". Es umfaßte zuletzt an die 3000 Mann, neben Eichendorff und Jahn gehörte ihm auch Theodor Körner an, der die Truppe mit seinem Gedicht „Lützows wilde Jagd" unsterblich machte. 1822 wurde Lützow General, er starb am 6.12.1834.

Meinhold, Wilhelm: Der am 27.2.1797 in Netzelkow auf der Insel Usedom geborene Meinhold studierte Theologie in Greifswald, wurde Schulrektor in Usedom und war von 1821 bis 1850 in verschiedenen Orten Pfarrer, darunter in Koserow und Krummin. Berühmt wurde er durch seinen Roman „Maria Schweidler, die Bernsteinhexe". Er starb 1851 in Charlottenburg.

Moltke, Helmut von: Der am 26.10.1800 in Parchim geborene Moltke diente erst im dänischen Herr, dann im preußischen. Drei Jahre stand er als Instrukteur in türkischen Diensten. 1856 wurde er Chef des preußischen Generalstabs und hatte durch seine überlegene strategische Planung maßgebend Anteil an den Siegen Preußens 1866 über Österreich und 1870/71 im deutsch-französischen Krieg. 1870 wurde er in den Grafenstand erhoben, ein Jahr später zum Feldmarschall befördert. Er starb am 24.4.1891 in Berlin.

Müller-Grählert, Martha: Die 1876 in Barth geborene Heimatdichterin schrieb 1908 das Lied „Mine Heimat", das in den „Meggendorfer Blättern" in München erstmals abgedruckt und in Zürich von dem aus Thüringen stammenden Chorleiter Simon Kranig vertont wurde. Es erlangte rasch Berühmtheit und wurde in den unterschiedlichsten Variationen gesungen und gespielt. Bis 1936 kämpften Autorin und Komponist um ihre Urheberrechte. Die Dichterin starb in Zingst, wo sie den Großteil ihres Lebens verbracht hatte.

Nettelbeck, Joachim: Er stammte aus Kolberg in Hinterpommern, wo er am 20.9.1738 geboren wurde und am 29.1.1824 starb. Als junger Mann fuhr er zur See, zeitweilig sogar auf einem Sklavenhändler zwischen Afrika und Amerika, seit 1782 war er Branntweinbrenner und Wirt in seiner Heimatstadt. 1806 stand er als Bürgerrepräsentant an der Spitze der Bürgerschaft und verteidigte zusammen mit dem preußischen Befehlshaber Gneisenau seine Vaterstadt erfolgreich gegen die Franzosen bis zum Tilsiter Frieden. Berühmt wurde seine ungemein lebendig und farbig geschriebene Autobiographie, ein wichtiges Zeit- und Geschichtszeugnis.

Niklot: Der Obodritenfürst Niklot lebte etwa von 1125 bis 1160. Er kämpfte gegen Heinrich den Löwen. Bei einem Ausbruchsversuch aus seiner Burg Werle fand er den Tod.

Otto von Bamberg: Der aus mittelfränkischem Adel stammende Otto wurde um 1060 geboren. Er wirkte 1101 als Kanzler Kaiser Heinrichs IV., ein Jahr später wurde er zum Bischof von Bamberg berufen. Nach 1120 ging er zweimal nach Pommern, um dort die Christianisierung voranzutreiben. Aufgrund dieser Tätigkeit erhielt er den Beinamen eines „Apostels der Pommern". Er starb 1139, schon fünfzig Jahre nach seinem Tode wurde er heiliggesprochen.

Reinhard, Ernst Ludwig August: Reinhard stammt aus Mustin im damaligen Herzogtum Lauenburg, wo er am 9.4.1805 geboren wurde. Nach dem Studium der Theologie in Göttingen und Rostock wurde er Lehrer in Ludwigslust, danach Rektor in Boizenburg. Hier wirkte er zugleich als Schriftsteller, Redakteur und vor allem als Politiker. Er gehörte der Nationalversammlung in Frankfurt und in Stuttgart an. Nachdem er wegen seiner demokratischen Einstellung als Lehrer entlassen und aus Mecklenburg ausgewiesen wurde, arbeitete er fortan als Hauslehrer und Redakteur der „Allgemeinen Deutschen Arbeiterzeitung". 1867 durfte er wieder nach Mecklenburg zurückkehren, wo er am 19.7.1877 in Ruchow (Kreis Sternberg) starb.

Reuter, Fritz: Geboren am 7.11.1810 als Sohn des Bürgermeisters von Stavenhagen, studierte Reuter Jura in Rostock und in Jena, wo er sich der Burschenschaft anschloß und sein Studium „verbummelte". Obgleich kein preußischer Staatsangehöriger, wurde er doch 1833 in Berlin verhaftet, wegen seiner Zugehörigkeit zur Burschenschaft zum Tode verurteilt und zu lebenslänglicher Festungshaft „begnadigt". Die folgenden sieben Jahre verbrachte er in verschiedenen Festungsgefängnissen, die letzte Zeit davon in Dömitz, von wo ihn sein Landesherr nach dem Tode Friedrich Wilhelms III. von Preußen entließ. Seine angegriffene Gesundheit und eine Trunksucht als Folge der Haftzeit verhinderten eine Wiederaufnahme des Studiums. Er versuchte sich als Landwirt, Privatlehrer und Redakteur und wurde schließlich 1856 freier Schriftsteller. In wenigen Jahren erzielte er mit seinen plattdeutschen Romanen und Erzählungen solche Erfolge, daß er sich in Eisenach ein Haus kaufen konnte, in dem er bis zu seinem Tode am 12.7.1874 lebte.

Runge, Philipp Otto: Runge stammt aus Wolgast und wurde dort als Sohn eines wohlhabenden Reeders am 23.7.1777 geboren. Er sollte ursprünglich Kaufmann werden und war schon in die Firma seines älteren Bruders in Hamburg eingetreten, als er sich dann doch der Malerei zuwandte und ab 1799 an der Akademie in Kopenhagen studierte. 1801 zog er nach Dresden, wo er seine künstlerische Ausbildung fortsetzte. Er trat gleichermaßen als Maler, Kunsthistoriker und Schriftsteller hervor. Von 1804 an nahm er seinen Wohnsitz in Hamburg. Eine lange Zeit des künstlerischen Wirkens war ihm aber nicht vergönnt; er starb dort am 2.12.1810.

Sastrow, Bartholomäus: Geboren am 21.8.1520 in Greifswald, studierte er in Rostock und Greifswald, wurde Notar des Herzogs von Wolgast und danach pommerscher Geschäftsträger beim Reichskammergericht in Speyer. Ab 1555 ließ er sich in Stralsund nieder, wurde in den Rat der Stadt gewählt und brachte es bis zum Bürgermeister. Am 17.2.1603 starb er in Stralsund. Bis heute bekannt blieb er durch seine Autobiographie, die einen guten Einblick in das bürgerliche Leben des 16. Jahrhunderts gewährt.

Schill, Ferdinand von: Der am 6.1.1776 in Dresden geborene Schill trat als Offizier schon unter Gneisenau bei der Verteidigung Kolbergs hervor. 1809 verließ er mit seinem Husarenregiment Berlin und kämpfte auf eigene Faust gegen die napoleonischen Truppen. Er fiel am 31.5.1809 bei Straßenkämpfen in Stralsund, elf seiner Offiziere wurden in Wesel von den Franzosen standrechtlich erschossen; mehr als 500 seiner Leute, die sich nicht absetzen konnten, kamen auf französische Galeeren.

Schleich, Carl Ludwig: Der Sohn eines bekannten Stettiner Augenarztes, geboren am 19.7.1859 in Stettin, gestorben am 7.3.1922 in Saarow bei Berlin, studierte ebenfalls Medizin und entwickelte die Infiltrationsanästhesie. Einem breiteren Publikum wurde er vor allem durch seine reizvolle Autobiographie „Besonnte Vergangenheit" (1920) bekannt.

Schliemann, Heinrich: Schliemann wurde als Sohn eines Pfarrers am 6.1.1822 in Neubukow geboren und wuchs zusammen mit sieben Geschwistern in Ankershagen auf. Seinen Gymnasialbesuch mußte er abbrechen und zu einem Krämer in die Lehre gehen, verlor aber seine Stelle. Das Schicksal verschlug ihn nach Amsterdam, wo er sich aus tiefster Not allmählich emporarbeitete. Dank seiner großen Sprachbegabung wurde er 1846 Handelsagent in St. Petersburg und erwarb sich ein Millionenvermögen. 1863 löste er sein Geschäft auf und widmete sich nur noch seinem Jugendtraum, der Suche nach dem verschollenen Troja. Er studierte in Paris Archäologie, unternahm ausgedehnte Reisen durch Griechenland und lokalisierte dabei tatsächlich die Ruinen von Troja, wo er aus eigenen Mitteln Ausgrabungen vornahm. In Mykene entdeckte er die berühmten Königsgräber. Von den meisten Wissenschaftlern wurde er anfangs als „Schatzgräber" angefeindet und fand nur langsam allgemein Anerkennung. Wenn auch einige seiner Ausgrabungen und Arbeiten heute in einem etwas kritischen Licht gesehen werden, so zählt er doch zu den genialen Forschern und Entdeckern. Er starb am 26.12.1890, begraben liegt er in Athen.

Seidel, Heinrich: Auch er war, wie manche bedeutenden Mecklenburger, der Sohn eines Pfarrers. Er wurde am 25.6.1842 in Perlin geboren. In Hannover studierte er Maschinenbau und arbeitete als Ingenieur erst in Güstrow, danach in Berlin. Hier begann er zu schreiben und erzielte mit seinen Erzählungen und Gedichten bald solche Erfolge, daß er freier Schriftsteller wurde. Heute sind die meisten seiner Werke leider vergessen, gelesen wird aber immer noch sein Roman „Leberecht Hühnchen" (1890), die Geschichte eines liebenswürdigen, bescheidenen Kauzes.

Spielhagen, Friedrich: Geboren am 24.2.1829 in Magdeburg, gestorben am 25.2.1911 in Berlin. Nach seinem Studium arbeitete er als Hauslehrer in Pommern, das ihm zur zweiten Heimat wurde. Später war er Lehrer in Leipzig und Redakteur von „Westermanns Monatsheften". Mit seinen zahlreichen Romanen wie „Problematische Naturen" (1861) oder „Hammer und Amboß" (1869) erzielte er einmal beachtenswerte Erfolge, während er heute weitgehend in Vergessenheit geraten ist.

Störtebeker, Klaus: Der legendenumwobene Störtebeker soll von der Insel Rügen stammen. Man weiß nur, daß er sich 1394 den Vitalienbrüdern anschloß und zusammen mit seinem Gefährten Godeke Michels als deren Anführer Ost- und Nordsee unsicher machte. Schließlich wurden sie bei Helgoland von einer Flotte der Hanse geschlagen und 1402 in Hamburg hingerichtet. Sein Andenken blieb in zahlreichen Sagen erhalten.

Voß, Johann Heinrich: Voß stammte aus ärmlichen Verhältnissen und wurde am 20.2.1751 in Sommersdorf bei Waren geboren. Sein Studium der Theologie und Philologie in Göttingen mußte er sich mühsam verdienen. Später wurde er Rektor in Ottendorf und Eutin. Frühzeitig pensioniert zog er sich als Privatgelehrter nach Baden und später nach Heidelberg zurück, wo er am 29.3.1826 starb. Er schuf zahlreiche bekannte Idyllen und Gedichte, vor allem gelang ihm eine einfühlende Übertragung der Werke Homers ins Deutsche.

Wallenstein (Waldstein), Albrecht Wenzel Eusebius von: Er wurde am 24.9.1583 in Hermanic, Nordböhmen, geboren. 1604 trat er in die militärischen Dienste des Hauses Habsburg und wurde im Dreißigjährigen Krieg als Feldherr bekannt. Er erwarb geschickt Güter und Reichtümer, die er zur Ausrüstung seiner Truppen nutzte. 1624 erhob der Kaiser seine böhmischen Güter zum Fürstentum Friedland. 1627 vertrieb Wallenstein den König von Dänemark vom Festland, der Kaiser verlieh ihm das Herzogtum Mecklenburg und das Fürstentum Sagan und ernannte ihn zum „General des ozeanischen und baltischen Meeres". Seine Gegner erzwangen 1630 seine Absetzung, aber nach der Landung Gustav Adolfs in Deutschland mußte ihn Kaiser Ferdinand II. wieder zurückrufen und ihm den uneingeschränkten Oberbefehl über seine Truppen übertragen. 1632 unterlag er Gustav Adolf in der Schlacht bei Lützen. Wegen seines Taktierens zwischen den kriegführenden Parteien wurde er schließlich wegen angeblichen Hochverrats im Auftrag des Kaisers am 25.2.1634 in Eger ermordet.

Welk, Ehm: Emil Welk stammt aus Biesenbrow in der brandenburgischen Uckermark, wo er am 20.8.1884 geboren wurde. Nach kaufmännischer Lehre wurde er 1904 Journalist, 1934 wurde er wegen eines Angriffs auf Goebbels vorübergehend in ein Konzentrationslager gebracht und erhielt danach teilweise Schreibverbot. Nach 1945 engagierte er sich im Bereich der Volksbildung in Mecklenburg. Er starb am 19.12.1966. Berühmt wurde er vor allem durch seine Kummerow-Trilogie, in der er das bäuerliche Leben in Pommern in der Tradition Fritz Reuters farbig und einfühlend darstellte.

Wilbrandt, Adolf von: Geboren am 24.8.1837 in Rostock und dort am 10.6.1911 gestorben. Der zu seiner Zeit viel beachtete und geschätzte Dramatiker und Erzähler lebte in München, Berlin, Frankfurt, Rom und schließlich in Wien, wo er als Direktor des Burgtheaters wirkte.

Wossidlo, Richard: Geboren am 26.1.1859 in Ferdinandshof, wurde er nach dem Studium Gymnasiallehrer in Waren. Er bemühte sich Zeit seines Lebens um das Sammeln mecklenburgischen Volksgutes. Sein umfassendes, in seiner Art einmaliges Archiv wird in der Wossidlo-Forschungsstelle in Rostock aufbewahrt. Er starb am 4.5.1939 in Rostock.

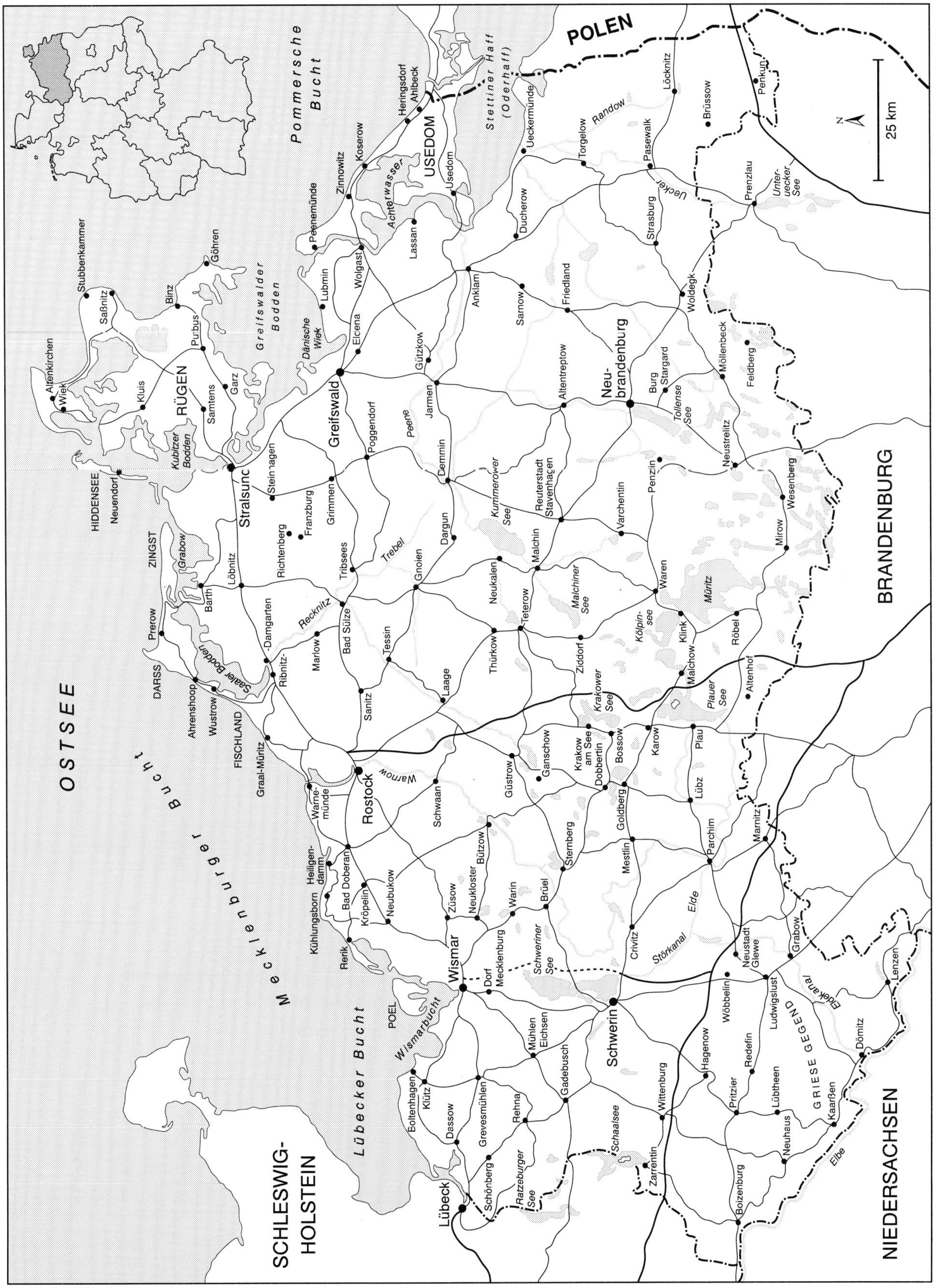
OSTSEE
Mecklenburger Bucht
Lübecker Bucht
Pommersche Bucht
Stettiner Haff (Oderhaff)
POLEN
BRANDENBURG
NIEDERSACHSEN
SCHLESWIG-HOLSTEIN
RÜGEN
USEDOM
HIDDENSEE
ZINGST
DARSS
FISCHLAND
POEL
Greifswalder Bodden
Dänische Wiek
Kubitzer Bodden
Saaler Bodden
Grabow
Wismarbucht
Achterwasser
Altenkirchen
Wiek
Kluis
Samtens
Garz
Putbus
Binz
Saßnitz
Stubbenkammer
Göhren
Neuendorf
Stralsund
Steinhagen
Greifswald
Lubmin
Peenemünde
Wolgast
Zinnowitz
Koserow
Heringsdorf
Ahlbeck
Usedom
Lassan
Eldena
Gützkow
Jarmen
Anklam
Ducherow
Ueckermünde
Torgelow
Pasewalk
Löcknitz
Brüssow
Penkun
Prenzlau
Unter-uecker See
Strasburg
Woldegk
Friedland
Sarnow
Neubrandenburg
Burg Stargard
Tollense See
Möllenbeck
Feldberg
Neustrelitz
Penzlin
Wesenberg
Mirow
Altentreptow
Demmin
Poggendorf
Grimmen
Franzburg
Richtenberg
Tribsees
Löbnitz
Barth
Prerow
Damgarten
Ribnitz
Ahrenshoop
Wustrow
Graal-Müritz
Marlow
Bad Sülze
Tessin
Sanitz
Gnoien
Dargun
Neukalen
Malchin
Reuterstadt Stavenhagen
Varchentin
Kummerower See
Teterow
Thürkow
Laage
Malchiner See
Zidderf
Waren
Müritz
Kölpinsee
Klink
Röbel
Malchow
Altenhof
Plauer See
Krakower See
Krakow am See
Dobbertin
Bossow
Karow
Plau
Lübz
Goldberg
Ganschow
Güstrow
Schwaan
Rostock
Warnemünde
Warnow
Bützow
Neukloster
Zusow
Warin
Brüel
Sternberg
Mestlin
Parchim
Marnitz
Crivitz
Elde
Störkanal
Neustadt Glewe
Grabow
Lenzen
Heiligendamm
Bad Doberan
Kröpelin
Neubukow
Kühlungsborn
Rerik
Wismar
Dorf Mecklenburg
Schweriner See
Schwerin
Mühlen Eichsen
Gadebusch
Rehna
Grevesmühlen
Klütz
Boltenhagen
Dassow
Schönberg
Ratzeburger See
Lübeck
Wittenburg
Schaalsee
Zarrentin
Hagenow
Wöbbelin
Ludwigslust
Redefin
Pritzier
Lübtheen
GRIESE GEGEND
Eldekanal
Dömitz
Kaarßen
Neuhaus
Boizenburg
Elbe
Randow
Uecker
Peene
Trebel
Recknitz
25 km
N

Quellen der Zitate

Kapitel 1: Land an der Küste

[1] Theodor Körner: Lützows wilde Jagd
[2] Adolf Friedrich Graf von Schack: Ein halbes Jahrhundert. Stuttgart 1888
[3] Ricarda Huch: Wismar. In: Im alten Reich. Bremen 1960, S. 145 f.
[4] Das Redentiner Osterspiel. Übers. v. Brigitta Schottmann. Stuttgart 1975, S. 36 ff.
[5] Zitiert nach: Uwe Gerig: Ein Deutschland zum Entdecken, Frankfurt 1990
[6] C. F. Jahn: Illustrirtes Reisebuch. Berlin 1850
[7] Theodor Fontane: Briefe aus Mecklenburg. In: Wochenblatt der Johanniter-Ordens-Balley Brandenburg Jg. 16 (1835)
[8] Herkommen, Geburt und Lebenslauf des Bartholomäus Sastrow. In: Max Goos: Deutsches Bürgertum und deutscher Adel im 16. Jahrhundert. Hamburg 1907
[9] John Brinckman: Vagel Grip
[10] Erich Kästner: Emil und die drei Zwillinge. In: Kästner für Kinder. Zürich 1985, S. 155 f., 161
[11] Paul Müller-Kaempff: Erinnerungen an Ahrenshoop. Zitiert nach: Heimkehr nach Mecklenburg. Rostock 1990, S. 357
[12] Martha Müller-Grählert: Mine Heimat. Mit freundlicher Genehmigung der Edition Friesenverlag, Hamburg

Kapitel 2: Zwischen Stralsund und Greifswald

[1] Friedrich Schiller: Geschichte des Dreißigjährigen Krieges Buch II
[2] Paul Fleming: An Stralsund
[3] Friedrich Spielhagen: Finder und Erfinder
[4] Johann Jacob Grümke: Streifzüge durch das Rügenland. 2. Brief
[5] Carl Gustav Carus: Reise nach Rügen 1818. Zitiert nach: C.G. Carus: Denkwürdigkeiten aus Europa. Hamburg 1963
[6] Ludwig Gotthard Th. Kosegarten: Uferpredigten und Hymnologien. Stralsund 1831
[7] Adalbert von Chamisso: Die Jungfrau von Stubbenkammer
[8] Gerhard Hauptmann: Im Wirbel der Berufung. In: Sämtliche Werke Bd.V, S. 1294 f., Darmstadt 1962
[9] Ernst Moritz Arndt: Erinnerungen aus dem äußeren Leben
[10] Ernst Moritz Arndt: Abschied von Rügen
[11] Per Daniel Atterbom: Reisebilder aus dem romantischen Deutschland. Stuttgart 1970, S. 29

Kapitel 3: Vom Oderhaff nach Neubrandenburg

[1] Philipp Otto Runge: Gedanken und Erinnerungen über die Kunst und das Leben. 3. Abt. Farbenlehre
[2] Selma Lagerlöf: Wunderbare Reise des kleinen Nils Holgersson mit den Wildgänsen. München 1948, S. 126 f.
[3] Wilhelm Meinhold: Maria Schweidler, die Bernsteinhexe. Cap. 14
[4] Joachim Nettelbeck: Eine Lebensbeschreibung. Kap. 19
[5] Ehm Welk: Die Heiden von Kummerow
[6] Hans Fallada: Heute bei uns zu Haus. Reinbeck 1957, S. 29
[7] Heinrich Schliemann: Selbstbiographie, Kap. 1
[8] Fritz Reuter: Dörchläuchting, Kap. 1
[9] Johann Heinrich Voß: Die Leibeigenschaft

Kapitel 4: Zwischen Mecklenburger Seenplatte und Elbe

[1] Fritz Reuter: Meine Vaterstadt Stavenhagen
[2] Fritz Reuter: Abenteuer des Inspektor Bräsig: In: Das Leben im Paradiese. Übertr. v. F. und B. Minssen. München 1979, S. 401 f.
[3] Richard Wossidlo: Aus dem Lande Fritz Reuters, Leipzig 1910, S. 2 f.
[4] Ernst Barlach: Güstrower Tagebuch. In: Das dichterische Werk, Bd. 3 München 1959, S. 16
[5] Wilhelm Raabe: Die Gänse von Bützow. Kap. 1
[6] Gertrud von Le Fort: Hälfte des Lebens. München 1965, S. 42 f.
[7] Johannes Gillhoff: Land und Leute der Griesen Gegend. Zitiert nach: Heimkehr nach Mecklenburg. Rostock 1990, S. 68
[8] Ludwig Reinhard: Korrespondenz aus Boizenburg II

Register

Kursiv gesetzte Zahlen beziehen sich auf Abbildungen, **halbfette** Zahlen verweisen auf Haupteinträge.

Kulturlandschaften

Auf den Spuren großer Kulturen

Diese repräsentativen Bild-Text-Bände folgen den Spuren großer Kulturen.
Mit brillanten Farbfotografien und profunden Texten
porträtieren sie Kulturlandschaften und bedeutende Städte der Welt.

Heinrich Pleticha / Wolfgang Müller
Die Toskana
Spurensuche im Land der Etrusker und der Renaissance
200 Seiten mit 145 Farbfotografien
ISBN 3-451-22031-8

Kurt Benesch
Santiago de Compostela
200 Seiten mit 120 Farbfotografien
ISBN 3-451-22466-6

Ilma Reissner
Georgien
Geschichte - Kunst - Kultur
240 Seiten mit 99 Farbfotografien
ISBN 3-451-21454-7

Mourad Kusserow / Wolfgang Müller
Kulturlandschaft Andalusien
200 Seiten mit 188 Farbfotografien
ISBN 3-451-22468-2

Karl-Heinz Fleckenstein / Wolfgang Müller
Jerusalem
Die Heilige Stadt der Juden, Christen und Muslime
224 Seiten mit 126 Farbfotografien
ISBN 3-451-21256-0

Heinrich Pleticha / Erich Spiegelhalter
Burgund
Spurensuche im Land der Klöster und großen Herzöge
200 Seiten mit 100 Farbfotografien
ISBN 3-451-22914-5

Heinrich Pleticha / Wolfgang Müller
Kulturlandschaft Thüringen
200 Seiten mit über 140 Farbfotografien
ISBN 3-451-22314-7

Heinrich Pleticha / Wolfgang Müller
Unvergängliches Prag
Die Goldene Stadt in Geschichte und Gegenwart
208 Seiten mit 101 Farbfotografien
ISBN 3-451-21453-9

Mourad Kusserow / Wolfgang Müller
Marokko
Land zwischen Orient und Okzident
200 Seiten mit 100 Farbfotografien
ISBN 3-451-21805-4

Heinrich Pleticha / Wolfgang Müller
Kulturlandschaft Sachsen
200 Seiten mit 100 Farbfotografien
ISBN 3-451-22913-7

HERDER